호감의 법칙

끌리는 사람에게는
뭔가 특별한 이유가 있다

호감의 법칙

문준연 지음

21세기북스

프롤로그
스펙 없는 평범한 사람의 성공 기술

모든 사람이 다 호감형 인간일 수는 없다. 사회에 나가 취업을 하고 성공적인 직장생활을 하고 좋아하는 사람을 만나고 결혼을 하고 주위 사람들과 어울려 즐겁게 잘사는 것, 이것이 보통 사람이 원하는 행복이다. 평범하지만 지극히 절실한 희망 사항. 이 같은 희망 사항을 충족시키는 데는 '호감'의 역할이 매우 중요하다.

- 친구에게 호감을 사야 관포지교의 진한 우정을 오래오래 나눌 수 있다.
- 마음에 드는 이성의 호감을 사야만 연인이 되고 결혼에 이를 수 있다.
- 면접관의 호감을 사야만 취업을 하고, 상사의 호감을 사야만 승진할 수 있다.

● 구매자의 호감을 사야만 비즈니스를 성사시킬 수 있다.

성공의 중요한 열쇠인 '호감 사는 방법'을 알게 되면 좀 더 행복하게 살 수 있다. 더군다나 큰 노력과 많은 시간을 들이지 않고서도 상대방의 호감을 살 수 있다면 얼마나 좋을까. 이 책의 목표가 바로 그것이다. 복잡한 인간관계 속에서 호감을 사는 원리를 이해하고 실천할 수 있도록 하는 것!

그렇다면 상대방의 호감을 사기 위해 알아야 할 기본 원리는 무엇일까? 또 다양한 상황 속에서 호감형 인간이 될 수 있는 전략과 전술은 무엇일까? 이제부터 우리는 이런 질문에 대한 답을 찾을 것이다. 나는 대학에서 18년째 마케팅과 소비자 행동을 포함한 경영학을 가르치고 있다. 마케팅과 소비자 행동은 기업의 관점 아래 소비자에게 호감을 얻고, 최종적으로 소비자의 선택을 받기까지 필요한 여러 가지 원리들을 제시한다. 전문적인 이론을 현실 사례에 적용하면서 이런 원리들이 비단 기업과 소비자의 관계뿐만 아니라 사람과 사람 사이의 관계에도 적용될 수 있다는 사실을 알게 됐다. 다시 말해 그런 원리들은 인기가 많은 사람이 어떻게 주위 사람의 호감을 사는지, 그리고 왜 사람들이 그를 좋아하는지를 잘 설명해 준다.

나는 그동안의 관찰을 통해 화려한 스펙이 곧바로 호감으로 연결되지는 않는다는 사실을 알게 됐다. 이 책에서 제시하는 호감의 원리들은 갑남을녀, 그러니까 내놓을 만한 화려한 스펙을 갖추지 않은 평범한 사람들도 누구나 약간의 관심을 기울이고 노력하면 쉽게 터득하고 실천할 수 있는 것들이다.

나는 시골에서 태어나 여러 형제자매가 복닥대는 가정환경에서 자랐다. 이는 비단 우리 가족만의 이야기가 아니다. 우리 세대 대부분도 대가족에서, 그리고 넉넉지 않은 형편에서 자랐다. 그러다 보니 어릴 때부터 형제들과의 갈등과 배려를 통해 사회성을 배우고 익힐 수 있었다. 예로부터 신붓감을 고를 때 딸 부잣집 셋째 딸은 보지도 않고 데려간다는 말이 있다. 셋째 딸은 자칫 눈에 띄지 않을 본인의 존재를 부각하면서 가족의 관심을 끌기 위한 나름의 '비법'을 체득하고 있었기 때문이다.

그러나 요즘 젊은이들은 핵가족에서 태어나 누구의 눈치를 볼 것도 없이 경제적으로도 훨씬 풍요로운 가운데 성장한다. 따라서 우리 같은 중장년층에게는 당연하고 쉬운 인간관계 비법이 그들에게는 어려울 수 있다. 그래서 오늘날 젊은 세대에게 호감의 원리를 이해하고 실천하는 일은 더욱 절실한 과제이다.

주위 사람들에게 호감 있는 사람이 되려면 어떻게 해야 할까? 지금부터 노력하면 호감형 인간이 될 수 있을까? 사람들의 눈길을 사로잡을 만큼 수려한 외모와 사회적, 경제적 지위가 없는 평범한 사람들도 호감을 살 수 있을까? 보통 사람이 하기 어려운 노력과 투자를 하지 않고도 호감을 살 수 있을까? 이 책은 "예스!"라고 대답한다.

이 책을 내기까지 도움과 격려를 베풀어 주신 모든 분에게 깊은 감사의 인사를 드리고 싶다. 원고를 읽고 책으로 만들 수 있도록 동기를 제공해 주신 21세기북스 김영곤 사장님과 안현주 실장님에게 감사드린다. 이지혜 씨와 오미현 씨를 비롯한 MC기획2실 구성원들이 이 책의 완성도를 높이는 데 많은 도움을 주셨다.

한양대 정병석 교수님은 책을 쓰신 경험을 바탕으로 조언을 해주셨다. 이승윤 교수님은 최근 마케팅 이론에 대해 아이디어를 제공하고 원고 작성에도 도움을 주셨다. 이막순 연구원과 고동희 교수님, 송유진 교수님이 원고를 읽고 재미있다며 독려해 주셔서 마지막 스퍼트를 낼 수 있었다. 끝으로 원고를 고치고 보완하는 작업에 동참해 주신 장모님, 보조 작가라고 주장하는 아내, 여러 사례의 소재를 제공해 준 딸과 그 친구들에게도 감사드린다.

2012년 11월
문준연

목 차

프롤로그 – 스펙 없는 평범한 사람의 성공 기술　　　　　　　　　　4

1장
호감 이미지 만들기

1. 이성보다 감성에 호소하라　　　　　　　　　　　　　　15
2. 감정의 전염성은 강하다　　　　　　　　　　　　　　　23
3. 간결하면서도 강력한 호감형 이미지를 구축하라　　　　27
4. 상대방의 호감 스타일을 파악하라　　　　　　　　　　37

2장
첫 만남 5분 승부법

1. 적당히 과장해 시선을 끌어라　　　　　　　　　　　　47
2. 첫 만남 5분에 호감도는 결정된다　　　　　　　　　　55
3. 호감도 지속의 법칙　　　　　　　　　　　　　　　　61
4. 쥐의 마음을 사로잡은 고양이　　　　　　　　　　　　68

3장
타인의 취향 알기

1. 상대방의 지각 패턴을 분석하라	77
2. 이력서에 혈액형을 쓰는 이유	84
3. 상대방의 생각을 바꾼다는 생각부터 바꿔라	91
4. 지나치게 들이대면 청개구리가 된다	98
5. 긍정적 리액션이 호감도를 키운다	103

4장
매력녀, 매력남이 되는 비결

1. 진짜 원하는 것으로 감동을 줘라	111
2. 커피향이 상사의 마음을 움직인다	118
3. 천방지축 돌고래를 쇼에 출연시키는 기술	123
4. 당신의 장점에 도돌이표를 달아라	128
5. 변하지 않는 당신은 유죄	134
6. 부장님이 셔플댄스를 연습하는 이유	140
7. 벌어진 실수에는 쿨하게 대처하라	145

5장
밀당의 기술 9가지

1. 당신이 떠날지도 모른다는 긴박감을 조성하라 — 153
2. 밤하늘 달과 별을 따다 주면 — 158
3. 같은 것도 상대방에게 이익으로 보이게 하라 — 166
4. 장점은 나누고 단점은 합쳐라 — 173
5. 생생한 긍정 사례로 당신을 각인시켜라 — 178
6. 곁에 있는 사람에 따라 당신의 호감도가 달라진다 — 186
7. 도움을 요청하면 호감은 덤으로 온다 — 192
8. 발 들여 놓기 기법으로 결속감을 다져라 — 197
9. 애교 있는 실수는 인간미를 더한다 — 202

6장
관계의 달인이 되기까지

1. 좋아하되 좋아하는 것을 숨기는 어장 관리 테크닉 — 209
2. 상대방을 더 잘 알게 하는 말다툼 효과 — 216
3. 인간에 대한 이해가 관계의 달인으로 가는 비결 — 222
4. 반짝이는 미래가 올 거라는 믿음으로 — 228

에필로그 – 타인에 대한 배려가 호감의 씨앗이다 — 234
참고 문헌 — 237

1장
호감 이미지 만들기

호감은 인간관계에 무척 중요하게 작용한다. 가슴 떨리는 연애를 하거나 단짝 친구를 만나는 과정에도, 취업 시장의 바늘구멍을 뚫는 마지막 관문인 면접을 볼 때에도, 결국 호감이 성패를 좌우하는 큰 변수가 된다. 호감은 단순히 '좋은 감정'을 넘어 우리 삶 전체를 아우르는 중요한 코드가 되었다. 이쯤에서 호감에 대해 진지한 고민이 필요할 것이다. 우리는 상대방에게 언제 호감을 느끼는 것일까? 또 상대방에게 호감을 사는 방법은 무엇이 있을까? 당신의 인간관계를 따뜻하게 채워줄 호감의 비밀을 하나씩 밝혀보자.

상대방에게 호감을 사는 방법은 매우 다양하다. 그리고 그 다양한 방법마다 필요한 노력의 정도 역시 천차만별이다. 외모와 신체 조건이 갖춰져야 하기도 하고, 빼어난 스펙이나 능력이 필요하기도 하다. 그러나 이런 조건들은 하루아침에 이뤄지지 않을 뿐더러 개인의 노력으로 결정되지 않는다. 하지만 때로는 사소한 변화를 통해 비호감이 호감으로 바뀌기도 한다. 빠르고 쉽게, 적은 노력으로 상대방의 호감을 얻는 방법을 알아보자.

먼저 상대방의 이성보다 감성에 호소하는 것이 더 효과적이라는 점을 알아야 한다. 또 주위 사람들에게 긍정적 감정을 불러일으켜야 한다. 간결하고 강력한 나만의 이미지를 만들어 사람들이 나를 쉽게 기억하도록 한다. 그리고 상대방의 호감형 스타일을 알아내서 맞춰 주는 것도 좋은 방법이다.

1
이성보다 감성에 호소하라

사람들은 매일 무언가를 결정하며 살아간다. 그중에는 직업이나 배우자 선택과 같이 일생일대의 중요한 결정도 있다. 또 결혼식이나 동창 모임에 입고 갈 옷을 고르는 일처럼 소소하면서도 신경 쓰이는 결정도 있고, 치약이나 식빵을 고르는 일 따위의 사소한 결정도 있다.

사람들은 수많은 결정의 순간마다 얼마나 이성적이고 합리적인 결정을 할까? 과거에는 인간의 결정이 이성적이고 합리적인 기준을 바탕으로 이루어진다고 생각했다. 그래서 경제학이나 마케팅에서 말하는 소비자의 판단은 자신이 취할 수 있는 모든 대안의 정보를 수집해 각각을 꼼꼼하게 비교 평가한 뒤 그중 가장 최선을 선택한다는 전제가 함께했다. 가격이나 품질 면에서 제대로 된 비교 없이 구매하는 것은 생각할 수 없었다. A가 B보다 좋고 B가 C보다 좋고 C가 D보다 좋다면, A와 D 중에 당연히 A를 선택해야 한다. 그렇지 않고 D를 선택하면 바보라고 생각했다. 사람들은 냉철하게 계산하고 생각하며 최적의 의사 결정을 한다고 믿었다.

과연 사람들이 그렇게 이성적이고 합리적인 결정을 하면서 살아갈까? 근래 들어 관련 연구들이 제시하는 답은 '아니다'이다.[1] 사람들은 의사결정을 할 때 다양한 요인의 영향을 받고 쉽게 오류를 범한다. 그리고 결과는 비합리적인 결정으로 나타난다.

수술을 받아야 하는데 성공 확률이 40퍼센트라면 환자는 수술을 받을까? 만약 그 수술의 실패 확률이 60퍼센트라고 할 때 환자의 결정은 달라질까? 두 확률이 제시하는 결과는 같다. 그럼에도 사람들은 "성공 확률이 40퍼센트인 수술을 받겠느냐?"라는 질문에 더 많이 동의한다. 이 결과는 때로 사람들이 논리보다 감정에 따라 결정한다는 것을 의미한다. 물론 사람들이 결정할 때는 논리와 감정의 영향을 모두 받기 때문에 전적으로 어느 한 가지에 치우친 결정이라고 보기 어렵다. 다만 인간이 언제나 합리적 의사 결정을 한다고 한 종래의 가정이 정답이 아니라는 것이다. 위의 사례가 말해주듯 인간은 감정적 의사 결정을 하는 경우도 많다.

그렇다면 사람들이 정말 많은 정보를 수집할까? 어느 정도는 맞지만 보통의 경우 여러 대안에 대해서 충분한 정보를 수집하지는 않는다. 또 그 수집한 정보를 잘 따져 볼까? 역시 대답은 '아니다'에 가깝다. 사람들은 다양한 각도에서 깊이 생각하는 것을 싫어한다. TV를 고를 때 화질, 선명도, 음향, 가격, 내구성, 디자인, 두께, 재질 등 중요한 기능들을 꼼꼼하게 살피기보다는 첫인상에 의존해 결정한다. 여러 가지 기능을 하나하나 검토하는 대신 전체를 직관적으로 받아들여 평가하는 것이다.

특히 노인과 어린아이들이 어리숙해 보이는 결정을 많이 한다. 노인들을 대상으로 하는 '약장수'를 보라. 노인들을 앉혀 놓고 재미있는 만담과 공연으로 분위기를 띄운 뒤 아리고 쑤시는 관절 마디마디에 대해 애통하게 관심을 표하며 공감을 유도한 다음 약을 꺼낸다. 약은 그야말로 '말도 안 되는' 가짜배기 만병통치약이다. 결국 노인들은 돌아오는 길에 저절로 잠이 오게 해주는 매트와 혈액을 깨끗하게 순화해 주는 약, 오장육부를 튼튼하게 해주는 강장제 등을 들고 온다. 자식들에게 타박을 받지만, 다음에 그런 상황에 부닥치면 역시 마찬가지로 행동한다.

노인들의 이런 말도 안 되는 결정에 면박을 주는 중년의 자식들은 어떤가? 베이징 여행을 가면 여행 안내자가 잘 데리고 가는 중국 약방이 있다. 이곳에서는 의사나 약사인 양 흰 가운을 입은 사람들이 외국 관광객들을 상대로 진맥 한 뒤 처방에 따라 약을 판다. 그들은 진맥 후 반드시 '신장이 허약하다'거나 '위가 차갑다'는 등의 진단을 내리고는 그에 따라 약을 지어 준다. 일단 이들이 의사나 약사인지 전혀 확인할 길도 없을뿐더러 약값도 매우 비싸다. 나와 함께 여행하던 그룹에서도 몇 사람이 이 약을 샀다. 여행 상품을 고를 때 비용을 꼼꼼하게 따지던 것에 비하면 정체불명의 약을 수십만 원이나 주고 선뜻 산다는 것이 이해하기 어렵다. 하지만 실제로 많은 사람이 약을 산다. 경영학 교수가 그런 약을 사는 것에 대해 어떻게 설명해야 할까.

중년 아저씨들이 이런 약을 사 들고 귀국하면 십중팔구 아내에게 면박을 받는다. 그렇다면 그들을 면박하는 중년 아내들은 어떤가? 이들은 주로 기능성 화장품에 약하다. 주름을 펴주고 피부를 하얗게 해준다는 기능성 화장품은 얼마나 효과가 있을까. 식품의약품안전청이 검증해 일정 수준 이상의 효과가 나타나야만 '기능성 화장품'이라는 용어를 쓸 수 있다는 말을 들으면 믿을 수밖에 없다. 그렇지만 시장에서 콩나물 1,000원어치 사면서도 깎아 달라고 외치는 사람들이 어떻게 수만 원에서 수십만 원까지 하는 명품 화장품은 그렇게 과감하게 사는지 궁금하다.

사람들은 왜 이렇게 엉뚱하고 엉성한 결정을 할까? 사람들이 항상 이성적이지는 않기 때문이다. 더 정확하게 말하면 사람들은 대부분의 경우 이성적이지 못하다. 감정에 휘둘려 결정하고 직관에 따라 행동하며 순간의 기분에 좌우되기도 한다. 일과 인간관계에서도 마찬가지다. 감정과 느낌 그리고 기분의 영향을 받는다. 그래서 호감을 사기 위해서는 상대방의 머리보다 가슴에 호소하는 것이 더 효과적이라는 말이다.

당신에 관한 긍정적 정보를 제공해서 평가를 더 높이는 것은 이성적 접근법이다. 반면 상대에게 즐거움, 슬픔, 기쁨, 흥분, 행복 등의 감정을 느끼도록 하는 것은 감성적 접근법이다. 당신에게 더 호의적인 감정을 갖게 하는 것이다.

명품 핸드백 업체가 자사 제품은 최고급 악어가죽으로 만들었으며 색상을 입히고 말리는 과정을 열 번 되풀이했다고 강조한다면 소비자의 이성에 호소하는 것이다. 하지만 세계 최고의 장인이 한 땀 한 땀 최고의 정성으로 100퍼센트 수제 생산했음을 강조한다면 소비자의 가슴에 호소하는 것이다. 면접관에게 당신이 수강한 학과목과 학점과 수행한 프로젝트를 설명하면 머리에 호소하는 것이다. 동료 학생들로부터의 인기와 동아리 후배들로부터 받고 있는 존경과 봉사 활동에서 경험한 감동을 이야기하면 가슴에 호소하는 것이다.

우리는 누군가와 대면하고 접촉하면서 상대에게 끌리거나 호감을 느끼고 사랑하게 된다. 다른 사람이나 물건과 만나게 될 때 사람들은 언제나 "내가 그 사람에 대해 또는 그 물건에 대해 어떻게 느끼느냐?"라는 질문을 던진다.[2] 사람들은 본능적으로 좋은 감정은 지속되기를 원하며 싫은 감정은 피하려고 한다. 따라서 내가 기분이 좋을 때는 주변의 사람이나 물건에도 좋은 감정을 느끼고, 기분이 나쁠 때는 그 반대의 양상이 나타난다. 그러니까 상대방의 호감을 사기 위해서는 상대방의 기분을 좋게 해주거나 기쁨, 행복, 흥분, 낭만, 열정, 즐거움 등 긍정적 감정을 가질 수 있도록 해주어야 한다.

상대방의 감정을 자극하고 감동을 끌어내는 데는 감성적 방법이 효과적이다. 한 가지 예를 들어보자. 미국에서 링컨 대통령이 노예 해방을 선포하고 100년이 지났는데도 인종 차별은 여전히 이어지고 있었다. 마틴 루서 킹 목사는 흑백 인종 차별 문제를 미국 사회가 풀어야 할 최대의 과제로 부각시키고 차별을 철폐하는 데 지대한 공헌을 했다. 그는 흑인에 대한 부당한 차별에 반대하며 백인과 흑인의 동등한 권리를 주장하는 비폭력 저항 운동을 이끌었다. 문제의 해결 방법이 전적으로 평화적이었다는 점에서 그의 신념은 더욱 돋보였으며, 그의 목소리는 '워싱턴 대행진'을 통해 세상 곳곳에 알려졌다. 그리고 그는 그 공헌을 인정받아 노벨 평화상을 수상했다. 하지만 불운하게도 암살을 당해 39세의 나이에 생을 마감했다. 미국 국민은 그의 생일에 가까운 1월 세 번째 월요일을 공휴일로 지정해 업적을 기리고 있다.

킹 목사가 1963년 8월 28일 워싱턴 DC의 링컨 기념관 앞에서 행한 '나에게는 꿈이 있습니다 I have a dream'라는 제목의 연설은 세계에서 가장 감동적인 명연설로 꼽힌다. 그는 사람들의 머리가 아니라 가슴에 호소하는 연설을 했다. 흑인이 백인과 평등해야 하는지를 이성적이고 논리적으로 조목조목 설파하는 대신, 우리가 간직한 간절한 염원이 무엇인지를 청중의 감성에 호소했다.

"저에게는 언젠가 나의 네 아이가 피부색이 아니라 인격으로 평가받는 나라에서 살게 될 것이라는 꿈이 있습니다. 저에게는 언젠가 앨라배마 주가 흑인 소년, 소녀가 백인 소년, 소녀와 손을 맞잡고 형제자매로 함께 걸어갈 수 있는 지역으로 바뀔 날이 오리라는 꿈이 있습니다."

머리보다 가슴으로 다가가 호감을 얻는다

사람들은 감정에 휘둘려 결정하고,
직관에 따르며, 순간의 기분에
좌우되는 경우가 많다. 호감을 사기 위해서는
상대방의 머리보다 가슴에,
논리보다 감정에 호소해야 한다.

이태석 신부의 삶과 죽음에 대한 감동적인 이야기는 먼저 〈수단의 슈바이처〉라는 TV 프로그램으로 방송되었다. 그 후 〈울지마 톤즈〉란 영화로 만들어져 국내뿐 아니라 미국 LA에서 상영되어 큰 반향을 불러일으켰다.

이태석 신부는 2001년 로마 교황청에서 사제 서품을 받은 후 자발적으로 남수단 톤즈로 건너갔다. 수단의 내전으로 폐허가 된 그곳에서 이태석 신부는 스승이자 의사가 되었다. 그는 치료를 받을 수 있다는 소문을 듣고 100km가 넘는 거리를 걸어오는 환자들을 진료하며 밤낮으로 일했다. 뿐만 아니라 수단 사람들조차 외면했던 한센 병 환자들을 위해 신발을 만들어 주는 봉사활동을 통해 희망이 없는 주민에게 따뜻한 가슴으로 다가갔다. 그런 그의 모습은 많은 사람의 가슴에 어떤 울림을 주었다.

광주가톨릭대학교 대주교는 다음과 같이 말했다.

"많은 사람이 남수단의 상황에 관심을 두고 돕게 한 건 한센 병 환자를 돕자는 설교가 아니라 이태석 신부의 실천을 보고 받은 감동이었다."[3]

이태석 신부는 보통사람이라면 하고 싶어 하지 않거나 하기 어려운 일을 해냈다. 돈이 생기는 일도 아니요, 자기 이름을 알리는 일도 아니었다. 보이지 않는 곳에서 남을 위해 온전히 자신을 바치는 이런 삶에 어찌 감동하지 않을 수 있겠는가.

2
감정의 전염성은 강하다

평범한 사람들도 상대방에게 자신이 원하는 감정을 불러일으킬 수 있다. 물론 어렵지는 않다. 어떤 집단이든 분위기 메이커로 통하는 사람이 있다. 모임의 분위기를 주도하며 함께 모인 참석자들을 즐겁게 한다. 이런 사람이 회식 자리에 참석하지 않으면 어쩐지 분위기가 허전하다. 이들은 대체 어떤 사람인가. 기본적으르 즐겁고 유쾌한 사람이다. 그리고 자신의 즐겁고 유쾌한 기분을 주위 다른 사람들에게 잘 전하는 사람이다.

정도의 차이는 있지만 누구나 분위기 메이커가 될 만한 자질이 있다. 감정 전염 이론 Emotional Contagion Theory에 따르면 사람의 감정은 주위 사람들에게 전이된다.[4]

사람들은 무의식적으로 상대방의 표정과 발성, 동작, 자세 등을 모방한다. 우리는 자신도 모르는 사이에 상대방의 감정에 동조하는 것이다. 그 결과 상대방과 우리의 감정 상태가 같아진다.

아기가 엄마에게 안겨 젖을 먹으면서 엄마의 기분에 동화되는 것처럼 사람들은 상대방의 기분에 동화된다. 감정 전염은 주로 표정과 몸동작 같은 비언어적인 커뮤니케이션을 통해 일어나며 때로는 이메일이나 인터넷 채팅을 통해서도 가능하다. 그래서 긍정적인 감정을 자주 전파하는 사람은 배우자와 가족, 친구, 직장 동료 등 주변의 모든 사람을 행복하게 만들고 결국 성공에 이를 가능성까지 높아진다.[5]

주위를 둘러보면 잘 웃어서 좋은 결과를 끌어내는 사람을 볼 수 있다. 대학원 과정에서 학위논문 발표가 사람들이 가장 긴장하는 순간일 것이다. 여기서 잘 못되면 그야말로 다 된 밥에 코 빠뜨리는 격이 될 수 있다. 몇 년 전 석사과정 학생이 학위논문 발표 중에 쓰러진 일이 있었다. 그만큼 긴장되는 자리인 셈이다.

그런데 내가 학생이었을 때 발표를 했던 경험과 교수가 된 이후 많은 학생의 발표를 보면서 깨달은 사실이 있다. 발표자가 긴장하면 심사자들도 긴장하고 발표자가 즐거워하면 심사자들도 자신도 모르는 사이 즐겁게 된다는 것이다. 이런 순간에 여유를 가지고 심사자들과 참석자들을 웃길 줄 아는 사람은 논문 심사과정을 매우 부드럽게 통과할 수 있다.

요즘 대기업 임원들을 대상으로 하는 유머 강의가 인기를 얻고 있다. 왜 대기업에서 유머를 가르치려고 하는지 한 기업에 물었다.[6] 임원을 실적별로 나눠보니 정서 지능이 높고 낮음에 따라 실적이 좌우된

감정은 전염된다

누군가에게 호감을 사고 싶은가?
그렇다면 그 사람에게 긍정의 감정을 불러일으켜라.
감정의 전염성은 강하다. 당신이 웃고 즐거워하면
그 사람도 당신의 감정에 동화된다.
그리고 자신도 모르게 당신에게 호감을 느끼게 된다.

다는 결론을 얻었다고 한다. 정서 지능이 높은 사람은 타인과의 교감을 통해 상대방을 이해하고 상대방과의 관계를 개선할 수 있는 능력을 충분히 발휘한다. 그리고 중요한 사실은 정서 지능이 유머와 직결된다는 것이다.

은행 팀장의 이야기를 들어보자.[7] 은행에서 예금을 갑자기 찾아가는 고객이 생기면 직원들이 긴장할 수밖에 없다. 특히 기업 고객이 거액을 찾아가는 경우 전 직원들이 거래를 되돌려놓기 위하여 매달리게 된다. 하지만 이미 떠난 고객의 마음을 돌리는 것은 매우 어려운 일이다. 이 일에 평범한 은행 직원 하나가 나섰다. 그는 용감하게 고객 회사 사장실로 직접 찾아갔지만 여러 차례 문전박대를 당했다. 눈길조차 주지 않아도 매번 명랑하게 인사를 했고 싫은 소리에도 항상 웃음으로 대했다. 결국 은행과 그 기업은 다시 인연을 맺었고, 그 인연은 13년 동안 이어지고 있다. 그렇다, "웃는 낯에 침 못 뱉는다"는 속담이 틀릴 리가 있는가. 많은 사람이 이렇게 말한다. 행복해서 웃는 것이 아니라 웃어서 행복해지는 것이다.

누군가에게 호감을 사고 싶은가? 그렇다면 그 사람에게 긍정의 감정을 불러일으키면 된다. 만날 때마다 당신이 먼저 웃어라. 그리고 행복한 기운이 느껴지는 따뜻한 표정을 지어라. 쟁반에 옥구슬 구르는 것 같은 목소리로 유쾌하게 말하고, 씩씩하게 걸어라. 어느 사이 그 사람은 자신도 모르게 당신의 감정 상태에 동화될 것이다. 그리고 당신에게 호감을 느끼게 된다.

3
간결하면서도 강력한 호감형 이미지를 구축하라

차범근은 어떤 사람인가? 사람들이 기억하는 차범근은 국가대표 축구선수, 독일 분데스리가에 처음 진출한 한국 출신 '차붐', 축구 감독, 축구 해설가, 유소년 축구 교실 운영자 등 다양하다. 언제나 성실한 사람이라는 이미지와 영원한 축구인이라는 믿음 덕분에 축구 애호가뿐 아니라 많은 사람이 그를 좋아한다. 그래서 아들 차두리와 함께 광고 모델로도 꾸준한 인기를 누리고 있다.

영화배우 안성기는 또 어떤 사람인가? 언제나 영화에서 최고의 연기를 보여 주는 준비된 배우이면서 다른 분야에는 전혀 한눈을 팔지 않는다. 그래서 남녀 할 것 없이 많은 사람이 그를 국민배우라 부른다. 이들은 자신만의 뚜렷한 특징 한두 가지에 기초해 좋은 이미지를 만들었다. 그 이미지는 간결하면서도 강렬하다.

세계적으로 사랑받는 제품들도 마찬가지다. 볼보 자동차는 수십

년간 줄곧 자신들의 차를 '세상에서 가장 안전한 차'라고 주장한다. 그래서 볼보 자동차의 광고는 안전성을 보여 주는 데 집중한다. 다른 회사들이 아무리 성능과 디자인을 강조하고 연비 효율과 안락함을 강조해도 흔들리지 않는다. 그렇게 소비자의 마음속에 경쟁자와 다른 자신만의 독특한 이미지를 심는 것을 '차별화'라고 한다.

상표 효과는 이미지가 사람들의 선호에 미치는 영향을 뚜렷하게 보여 준다. 요즘 맥주 상표는 그 종류도 다양하고 맛도 여러 가지다. 많은 맥주 애호가들은 자신의 선호 상표와 경쟁 상표의 맛 차이를 구별할 수 있다고 말한다. 그러나 상표를 볼 수 없도록 눈을 가리고 시음하는 블라인드 테스트를 해보면 실제로는 구별하지 못하는 사람들이 훨씬 많다. 실제 관능검사에서 맛 차이를 구분하지 못하면서 안다고 생각하는 것이다. 우리는 무언가의 본질을 안다고 생각하지만, 사실 상표가 만들어 낸 이미지를 기억할 뿐이다.

프랑스의 고급 와인은 고급 이미지에 걸맞게 가격이 매우 비싸다. 와인의 품질을 객관적으로 평가하기는 어렵겠지만, 프랑스 고급 와인 중에는 블라인드 테스트에서 그 이름에 걸맞은 평가를 받지 못한 것도 있었다. 그럼에도 오랫동안 형성되어 온 고급 이미지에 힘입어 여전히 인기를 유지하고 있다.

젊은이들 사이에 인기가 높은 청바지 브랜드도 마찬가지다. 품질 평가 기관에서 객관적 품질을 비교한 보고서를 보면 유명 브랜드 중에는 품질이 가격에 걸맞지 않은 브랜드도 있다. 그런데도 불구하고 이미 형성되어 있는 이미지에 힘입어 잘 팔리는 것이다.

인간관계에서 이미지의 중요성은 선거에서 가장 먼저 인식됐다. 미국 대통령 선거에 TV 토론이 최초로 도입된 1963년, 새내기 정치인인 케네디가 젊고 참신한 이미지로 노련한 상대 후보인 닉슨을 이기면서 정치인의 이미지가 주목받기 시작했다.

당시 케네디와 닉슨은 모두 40대의 젊은 나이로 출마했다. 케네디는 하버드 대학 출신으로 1946년 매사추세츠주 하원의원으로 당선되면서 정계에 진출해 두 번 상원의원에 당선됐다. 닉슨 또한 1946년 캘리포니아주 하원의원으로 당선되면서 정치에 입문했고 1950년 상원의원에 당선됐다. 그리고 1952년 39세의 나이로 아이젠하워 대통령의 러닝메이트로 출마해 1961년까지 부통령을 맡았다. 1963년 대통령 선거전 당시 닉슨은 이미 8년간 부통령을 역임했기에 정치 경력 면에서 케네디보다 훨씬 우월한 위치에 있었다. 그럼에도 케네디가 승리한 데는 두 후보 사이에 벌어진 네 차례의 TV 토론회가 크게 작용했다.

케네디는 어렸을 때부터 병약한 체질이었고 군 복무 시절 당한 부상 후유증 때문에 활기차고 당당한 이미지를 만들기에는 한계가 있었다. 케네디는 그런 악조건에도 TV 매체의 속성을 소상하게 파악하고 TV 토론에 적응하는 데 열심히 노력했다. 카메라 앞에서 어떤 말을 해야 하는지, 어떤 표정과 동작을 연출해야 매력 있는 모습으로 보일 수 있는지 수차례 연구하고 연습했다.

반면 닉슨은 자신의 커뮤니케이션 능력을 과신해 이미지 효과를 얻는 데 노력을 기울이지 않았다. 그 결과 케네디는 오히려 젊고 활력 있는 모습으로 비친 데 비해 닉슨은 상대적으로 나이 들어 보이고 지친 인상을 남겼다. 결국 당시 미국 국민은 실질적 정책에 선거 전략의 초점을 맞춘 닉슨보다 젊고 매력적인 리더로 보이는 케네디에 더 많은 표를 주었다.

앨 고어는 대학 졸업 후 베트남 전쟁 종군 기자, 지역 신문의 기자로 일하다가 1977년에 테네시주 하원의원으로 정계에 입문했다. 그 후 1985년부터 상원의원을 두 번 역임했고 1992년 말 빌 클린턴의 러닝메이트로 부통령직에 당선됐다.

앨 고어는 클린턴 정부에서 8년간 부통령으로 지내면서 초고속 정보통신망의 조기 구축을 선도하고 환경 분야의 해박한 지식을 바탕으로 다양한 환경보호 활동을 벌여 주목받았다. 하지만 부시와 대결한 2000년 대통령 선거에서 아깝게 패배했다. 특정 분야에서 보여준 탁월한 전문 능력과 행정 경험은 인정받았지만, 대통령다운 이미지를 보여 주지 못한 것이 실패의 요인으로 지적됐다. 미국 국민은 최고 엘리트이면서 딱딱한 지식인과 모범생 이미지의 앨 고어보다 이웃집 아저씨 같은 편안한 이미지의 부시를 더 선호한 것이다.

우리나라에서도 정치 분야를 시작으로 호감형 이미지 만들기에 관한 관심이 나타났다. 그리고 IMF 외환위기 이후 평생직장의 개념이 사라지면서 전문직 종사자 사이에서도 이미지 만들기의 중요성이 주목받기 시작했다.

자기 분야에서 전문성으로 존재감을 인정받은 사람은 몸값을 높여 원하는 곳으로 스카우트될 수 있었다. 하지만 그렇지 못한 사람은 실직의 위기로 내몰리는 상황이 됐다. 이제는 그 중요성이 일반 직장인에게까지 미쳤다.

취업 포털 사이트가 직장인 1,652명을 대상으로 '직장생활을 하면서 이미지 만들기가 필요하다고 생각한 적이 있는가'라는 질문을 했다. 그리고 93.9퍼센트가 '그렇다'고 답했다고 한다.[8] 이미지 만들기가 필요한 이유로 업무 능력 향상이 첫 번째로 꼽혔고, 자아 만족감이나 용기를 얻고 싶어서 그리고 업무 특성상 필요하다는 대답이 뒤를 이었다. 이 밖에도 승진과 이직을 위해서라는 의견이 있었다.

정치인이나 전문직 종사자, 그리고 일반 직장인 모두에게 이미지 만들기가 중요한 까닭은 이들의 주 임무가 사람들과의 대면 접촉과 상호작용이기 때문이다. 사람들을 만나서 자신의 의견을 제시하고 설득해 계약을 성사시키는 데는 이미지 만들기가 매우 중요하다. 더군다나 짧은 시간 동안 자신의 매력을 최대한 어필해 상대의 마음을 사로잡아야 하는 이성 친구와의 만남이나, 취업을 위한 면접에서 이미지 만들기는 더더욱 중요하다.

그렇다면 이미지 차별화는 어떻게 해야 할까? 차별화의 첫 번째 원칙은 상대방이 한두 가지 뚜렷한 특징을 기억하도록 집중하는 것이다. 그래야만 자신만의 이미지를 만들어 소비자들이 기억하도록 할 수 있다.

우리 차는 '세상에서 가장 안전하고 성능이 우수하고 디자인이 독특하며 연비 효율도 최고'라고 한다면 소비자가 무엇을 기억하겠는가. 아무것도 기억하지 못한다. 강조할 한두 가지를 선택하면 나머지는 과감하게 버려야 한다. 물론 안전한 차라면 성능이나 연비 효율이 높지 않아도 된다는 의미가 아니다. 자신만의 독특한 이미지를 만들기 위해서 여러 가지가 아니라 한두 가지만을 집중적으로 강조해야 한다는 뜻이다.

이미지 만들기의 이론적 기반을 살펴보자. 우선 가용성 어림법 Availability Heuristic이다. 이를테면 산불은 얼마나 자주 발생하고, 전철 사고는 얼마나 자주 발생하며, 통신망 해킹 사고는 얼마나 자주 발생하는가? 가용성 어림법에 따르면 사람들은 특정 사건이 얼마나 빨리 자신의 머릿속에 떠오르느냐에 따라 그 사건이 얼마나 자주 일어나는지 판단한다고 한다. 당신이 최근에 주위에서 심장병으로 고생하는 사람을 보았다면 당신이 아플 때 머릿속에 심장병이 먼저 떠오를 것이고 심장병 위험에 더 노출되었다고 생각하게 된다.

가용성 어림법에서 한 단계 진전된 이론이 회상 용이성 어림법 Ease-of-Retrieval Heuristic이다. 이 이론은 우리가 어떤 사람이나 제품을 좋아하는 정도가 그 사람이나 제품과 관련한 좋은 정보를 얼마나 쉽게 기억해 낼 수 있는가에 따라 영향을 받는다는 것이다. 우리가 어느 국회의원 후보의 좋은 점을 기억하면 그 후보를 긍정적으로 평가하게 된다. 여기서 이 이론이 제시하는 것은 그 후보의 장점을 더 쉽게 기억할수록 더 긍정적으로 평가한다는 것이다.

캐나다 사람들에게 영국의 정치인 토니 블레어의 장점을 묻는 연구 실험이 있었다.[9] 한 집단에게는 두 가지 장점을, 다른 집단에게는 다섯 가지 장점을 생각하게 했다. 그 후 토니 블레어에 대한 참가자들의 선호도를 물었고 재미있는 결과를 얻었다. 두 가지 장점을 떠올린 집단에서 토니 블레어의 선호도가 더 높게 나타난 것이다. 이 결과를 어떻게 해석해야 할까?

회상 용이성의 차이 때문이다. 토니 블레어에 대한 장점 두 가지를 생각해 내는 것이 다섯 가지를 생각해 내는 것보다 상대적으로 더 쉽다. 이 경우 그 사람에 대해 더 호의적인 평가를 한다는 것이다.

특히 다음과 같은 조건에서는 회상 용이성 어림법이 더 잘 적용된다. 첫째, 평가하는 사람이 상대방에 관해 관심이 낮은 경우다. 우리나라 사람 중 상당수는 미국의 차기 대선 주자가 누구인지 그리고 각 대선 주자의 장점이 무엇인지 별로 관심이 없다. 위에 언급한 연구의 참여자인 캐나다 사람들 또한 영국의 총리인 토니 블레어가 어떤 사람인지 그리고 그의 장점이 무엇인지에 대해 별로 관심이 없었을 것이다.

둘째, 평가자가 상대방에 대해 아직 확정적 태도를 보이지 않는 경우다. 예를 들어 선거에서 부동층은 아직 특정 후보자에 관해 관심도 낮고, 확실하게 마음을 정하지도 않은 상태다. 신학기에 학생들이 새로운 친구를 만날 때, 청춘남녀가 이성을 소개받을 때, 면접관이 구직자를 처음 대면할 때 등은 위 두 가지 조건에 들어맞는다.

상대방의 호감을 사기 위해서 어떻게 해야 하는가? 물론 당신의 장점과 바람직한 특성을 알려서 상대방이 이를 기억하고 당신을 긍정적으로 평가하도록 유도해야 한다. 여기서 중요한 원칙은 자신이 가진 가장 큰 장점 두세 개를 강조하는 것이다. 괜히 욕심을 부려서 여러 가지를 나열하면 상대방은 당신을 기억하지 못한다. 우선 마음을 비워야 한다. 여러 가지 장점을 내세워서 모든 면에서 우수한 사람으로 인정받고자 하면 결국 나에 대한 어떤 이미지도 만들지 못한다.

타계한 코미디언 이주일은 바보스러운 말투와 표정에 집중해 자신만의 코미디를 만들어 냈다. '달인'이라는 코너로 스타가 된 개그맨 김병만은 보통 사람들이 따라 하기 어려운 체조와 운동 능력, 연기를 결합한 그만의 개그로 사람들을 사로잡았다. 과거 '주병진 쇼'는 그동안 볼 수 없던 품격 있는 토크 프로그램을 선보여 인기를 끌었다. 하지만 10여 년 만에 돌아온 '주병진 쇼'는 변화한 시대의 흐름에 뒤처져 경쟁 프로그램과 구별되는 자신만의 스타일을 보여 주지 못했고, 과거와 달리 고전했다. 그렇다면 각각의 특징으로 세인의 시선을 끈 이주일과 김병만과 주병진의 특징을 총망라해 프로그램을 만들면 인기를 얻을 수 있을까? 아마도 죽도 아니고 밥도 아닌 이상한 프로그램이 될 테고 시청자의 사랑을 받기는 더더욱 어려울 것이다.

당신은 어떤 이미지의 사람으로 기억되고 싶은가? 마음이 따뜻하

이미지 메이킹이 필요하다

당신의 장점과 바람직한 특성을 알려서
상대방이 당신을 기억하고
긍정적으로 평가하도록 유도하라.
중요한 것은 자신의 큰 장점 두세 가지에만 집중해야
좋은 이미지를 뚜렷하게 심어줄 수 있다.

고 착한 사람인가, 스마트하고 능력 있는 사람인가, 재미있고 즐겁게 사는 사람인가? 욕심을 부려서 나는 '마음이 따뜻하고 착하고 스마트하고 능력 있는 사람이면서, 재미있고 즐겁게 사는 사람'이라고 해 보자. 당신은 도대체 어떤 사람인지 알 수 없는 그저 상대방의 머릿속을 복잡하게 만드는 사람일 뿐이다. 결국 당신에 대한 좋은 이미지 형성을 기대하기는 어렵다.

처음 대면하는 사람에게 당신만의 좋은 이미지를 보여 주기 위해서는 당신의 장점과 바람직한 특징을 알려서 당신을 긍정적으로 평가하고 기억하도록 해야 한다. 여기서 주의해야 할 점은 두세 가지 좋은 점을 집중적으로 강조해야 상대방이 기억하기 쉽고 당신을 더 긍정적으로 평가한다는 것이다.

4 상대방의 호감 스타일을 파악하라

사람들이 좋아하고 선호하고 호감을 느끼는 대상은 매우 다양하다. 프로야구를 좋아하는 사람도 저마다 자신이 좋아하는 프로야구 팀이 있고 그중에서도 특히 좋아하는 선수가 따로 있다. 부부간이나 친한 친구 사이에도 선호하는 팀이나 선수가 다른 경우는 매우 흔하다. 내가 좋아하는 영화, 노래, 음식, 여행지, 스포츠, 승용차 등등이 다른 사람과 같지 않은 것이 어쩌면 당연하다. 데이트 상대로 말 많은 사람을 좋아하는 사람도 있고 과묵한 사람을 좋아하는 사람도 있다. 또한 지적이고 예리한 타입을 좋아하는 사람도 있고 재미있고 부드러운 사람을 좋아하는 사람도 있다.

그렇다면 상대방의 호감을 어떻게 살 것인가? 당연히 상대방에게 맞는 방식을 써야 한다. 내가 좋아하는 방식이 아니라 그 사람이 좋아하는 방식을 적용해야 한다. 사람들의 선호와 취향이 제각각이므로 모든 사람에게 통하는 만병통치약 같은 방식은 있을 수 없다. 승용차를 세계 최초로 상용화한 회사는 포드 자동차다. 이전에는 전 세계에 수십 대 정도 존재하던 차를 대량 생산해 대중화하는 데 성공했다. 중산층 가정에서 한 대씩 보유할 수 있는 가격을 실현하다 보니 표준모델을 대량 생산할 수밖에 없었다. 그러면서 포드는 하나의 모델을 생산하는 것을 재미있게 표현했다. "포드 자동차의 고객이 검은색 모델 T를 원하는 한 우리는 어떤 차도 공급한다."

하지만 현대 사회에서 과거의 만병통치약은 존재하지 않는다. 제2차 세계대전 후 미국 경제가 급성장하고 개인 소득이 증가하면서 소비자는 다양한 차를 원하게 되었다. 그리고 마침 다양한 차를 생산하기 시작한 2위 업체인 GM이 대세가 되어 시장을 선도하게 됐다.

스위스 시계 브랜드인 스와치는 전통적인 시계의 개념과 전혀 다른 시계를 도입해 세계 시장에서 인기를 끌고 있다. 일반적으로 스위스 시계는 값비싼 보석을 박아 수제 생산하며 정밀도가 매우 높다고 평가된다. 당연히 엄청난 고가의 가격으로 보석점이나 백화점에서 판매된다. 물론 젊은이들이 즐겨 입는 청바지나 캐주얼한 옷차림에 어울리지 않고 이들의 넉넉하지 않은 주머니 사정에도 맞지 않는다. 스와치는 젊은이들의 캐주얼 옷차림에 잘 어울리면서 가격도 적당한 패션 액세서리 시계를 개발했다. 가격을 낮추기 위해 부품 수를 줄이고 낮은 원가의 첨단 기술 자재를 사용했다. 패션 아이템으로 스와치 시계를 좋아하는 젊은이들은 서너 개의 시계를 구매해 매일 옷차림에 맞춰 골라서 착용한다.

요즘은 전철이나 버스 안에서 물건을 파는 이른바 잡상인이 예전처럼 눈에 띄지 않는다. 아마도 설 자리가 없어진 것이 아닌가 싶다. 이들이 팔던 물건은 신발 깔창과 무좀 방지 양말에서 시작해 땀이 차지 않는 혁대, 손톱깎이 세트, 진공 포장 용기 등 정말 다양했다. 한 가지 재미있는 것은 그들이 내세우는 주장이 똑같다는 것이다.

"본 제품으로 말하자면 수출용으로 생산되어 절찬리에 해외에 판매되다가 …… 구매자가 부도나는 바람에 수출길이 막혀서 지금은 왕창 세일 중입니다. …… 그저 인건비라도 건지겠다는 생각에 말도 안 되는 가격으로 팔고 있습니다. …… 곧 다시 수출이 재개되면 이 가격에 절대 못 삽니다. …… 여기에 덤으로 하나 더 드리겠습니다."

거의 표준화된 판매 멘트다. 전철 한 칸에서 판매가 끝나면 다음 칸으로 옮겨 가서 파는데 역시 같은 멘트를 되풀이한다. 물리적으로 설 자리가 없어지기도 했지만 이 싫증 난 멘트가 시대 트렌드에 전혀 맞지 않는 것이다. 잡상인조차도 눈이 높아진 고객 취향에 맞추지 못하면 도태되는 것이 현실이다.

표준 제품의 대량 생산과 대량 유통 방식은 점점 설 자리를 잃어가고 있다. 이제 사람들은 자신만의 개성을 표현할 수 있는 차별화된 제품을 원한다. 특히 인터넷이 전 세계적으로 광범위하게 보급되면서 고객 한 사람 한 사람에게 맞추는 맞춤화 마케팅과 1:1 마케팅이 더욱 폭넓게 사용되고 있다.

나이키 홈페이지에는 'NIKEiD'라는 메뉴 카테고리가 있다. 고객은 이 메뉴를 통해 신발과 스포츠 의류 및 장비를 자신에게 맞도록 디자인할 수 있다. 고객은 단계적 맞춤화 과정을 통해 기본 제품에서 시작해 자신의 이름을 새겨 넣고, 모양, 소재, 색상 등을 자신에게 맞도록 선택해 '나만의 신발'을 디자인하는 것이다.

PC 시장의 세계 1위 업체인 델은 기업 고객을 대상으로 하는 맞춤형 웹사이트를 운영하면서 구매자가 기본형 PC 모델에 여러 가지 옵션을 선택할 수 있도록 하고 있다. 고객은 디스크 드라이브 크기, 프로세스 속도, 스크린 크기, 메모리 용량, 운영 시스템, 소프트웨어 등을 지정해 주문할 수 있다. 델은 2만 5,000여 종 이상의 PC를 제공함으로써 고객의 요구를 더욱 세심하게 충족시키고 있다.

세계적으로 안경, 자전거, 커피, 카드 등 다양한 업종의 기업들이 맞춤화된 제품을 제공하고 있으며 국내에서도 화장품과 가구, 의류 등에 이런 방식이 도입되고 있다. 양복점에서 자신의 치수에 맞게 옷을 맞춰 입듯이 맞춤 방식이 여러 비즈니스에 도입되고 있는 것이다. 고객은 맞춤 제품이 자기 취향을 잘 반영하니 당연히 더 좋아한다. 가격이 너무 올라가지 않도록 조절하는 것도 가능해졌다. 과거에는 맞춤 제품을 낮은 원가에 대량 생산하는 것이 불가능했지만 요즘엔 생산 방식의 발달과 정보 통신의 발달로 얼마든지 가능해진 것이다.

고등학교 동창 중에 대기업 CEO가 된 친구가 있다. 이 친구는 학창 시절 늘 공부 잘하는 학생이었고 군대도 학사 장교 시험을 거쳐서 장교로 제대했다. 당시 대기업이 적극 원하는 인재의 조건을 두루 갖춘 셈이었다. 알고 보니 대인관계가 원만하고 인간관계 폭도 아주 넓었다. 이 친구는 결혼 후 집들이를 무려 열 번이나 했다. 사람이 재산이라고 믿는 친구의 가치관을 확인할 수 있는 부분이다.

이 친구가 미국 지사에서 근무하던 시절, 그곳으로 출장을 오는 사람들은 모두 이 친구에게 들렀다. 평소 친근감을 보이고 기대에 어울리는 행동을 했던 친구에게 사람들의 발길이 끊이지 않았다. 이 친구는 입사해 25년 이상 한우물을 팠고 우여곡절을 겪은 후 정상에 올랐다. 경쟁사보다 대접을 제대로 못 받는 것은 아닌가 싶던 시절에도 흔들리지 않고 한 직장을 고수했기에 동료와 부하 직원들의 높은 지지를 받았다고 생각된다.

신입사원으로 출발해 CEO가 되거나 창업을 해서 경영자로 성공하는 사람들에게 특별한 표준 자격 조건이 있는 것은 아니다. 타고났든 개발한 것이든 자신이 선택한 업종과 조직에 맞는 업무 스타일을 찾아 일하고 적합한 사교활동을 펼친 덕분이 아닐까. 그 일에 맞는 스타일로 조직을 이끌어가면서 구성원들의 환영을 받고, 투자자와 구매자와 고객들의 호감을 살 수 있게 된 것이다.

보통 교수는 독특한 사람들이라는 인식이 있다. 한 동료 교수의 부인이 "교수는 두 종류의 사람이 있다. 이상한 사람과 아주 이상한 사람이다."라고 말해서 웃은 적이 있다. 개미 수천 마리는 일렬종대로 줄을 세울 수 있지만, 교수는 세 사람만 되도 줄을 세울 수 없다는

맞춤화로 접근하라

사람들이 좋아하는 스타일은
십인십색, 제각기 다르다.
호감을 사기 위해서는
상대방을 이해하고 상대방에게
맞춰야 한다.

말도 있다.

그런데 그렇게 까다롭다는 교수라도 대개 함께 일하는 대학원 조교들을 좋아한다. 조교들은 교수에게 어떻게 호감을 살 수 있었을까. 학생이 대학원에 진학해 조교가 되는 과정을 보면 웬만큼 이해가 간다. 대개 그 학생이 학부 시절 강의를 듣거나 면담 기회를 통해 전공 분야 교수들의 특징을 알게 되고 나름대로 자기 마음에 드는 교수를 찾아가 조교가 된다. 물론 조교 장학금을 받는 것도 동기가 되지만 자신이 싫어하는 교수보다는 좋아하는 교수를 선택하기 때문에 잘 맞출 수 있고 그 결과 교수도 그 학생을 좋아하게 되는 셈이다.

1939년 미국에서 영화로 만들어진 〈바람과 함께 사라지다〉는 50년 후인 1989년까지 관객 총인원 12억 명을 돌파했다고 한다. 이 영화를 만든 셀즈닉 감독은 여주인공을 선정하기 위해 60여 명의 여배우를 테스트했다.

원작의 여주인공 스칼렛은 매력적인 여자다. 농장주의 딸이면서 미모를 겸비한 부족한 것 없는 여자, 그 매력에 어울리게끔 당차고 자기주장이 강하며 도도하고 기품이 넘친다. 객관적 여건으로 보자면 총각들은 모두 스칼렛을 좋아해야 한다. 스칼렛 자신도 그렇게 믿었다. 스칼렛은 애슐리라는 청년을 사랑했고 애슐리 역시 자신을 사랑한다고 믿었지만 현실은 그녀의 기대와는 달랐다. 애슐리는 그녀의 사촌이자 착하고 온순한 멜라니와 결혼하고 만다. 스칼렛의 매력은 애슐리에게는 잘 통하지 않았다. 애슐리에게 이상적인 신붓감은 오히려 동양 사회에서 선호할 것 같은 '애 잘 낳고, 남편 내조 잘하며, 살림 잘할 것 같은 여자'였던 것이다. 제 눈에 안경, 그래서 세상은 다양한 성격과 스타일의 사람들이 만나고 사랑하면서 살아간다. 무슨 약 처방 같은 공식으로 '이렇게 하면 세상 어떤 사람의 호감도 살 수 있다'고 주장하는 사람이 있다면 그 주장은 무시해도 좋다.

인기 있는 사람을 보면 많은 사람이 그를 좋아한다. 어떻게 하면 당신도 사람들이 당신을 좋아하게 만들 수 있을까. 위에서처럼 사람들은 각자가 생각하고 좋아하는 관점이 다르다는 것을 이해하고 상대방에게 맞는 방식을 써야 한다.

요즘 학교생활에서부터 직장생활에 이르기까지 잘 적응하지 못하는 사람들이 꽤 많다. 우리 자신에 대해 한번 생각해 보자. 자신만의 세계에 갇혀서 다른 사람들이 나를 이해하지 못한다고 우기고 있는 것은 아닐까. 나의 세계가 있듯이 모든 사람에게는 그들만의 고유한 세계가 존재한다. 그렇다면 나는 과연 상대방의 세계를 이해하기 위해 어떤 노력을 했는가.

평상시 주위에 성격 좋고 인기 많은 사람들의 공통점을 살펴보자. 모두 다른 사람들에게 많은 배려를 한다는 사실을 알 수 있다. 타고나기를 다른 사람들에 대한 배려가 적은 것 같은데, 그럼에도 성격도 좋고 인기도 많기를 바란다면 어쩌랴. 열심히 상대방을 이해하고 상대방이 원하는 것을 배려하려고 노력하는 수밖에…….

2장

첫 만남
5분 승부법

우리는 살아가면서 많은 사람을 만난다. 새로운 친구들, 장래 연인이 될지도 모르는 이성, 공통의 취미 생활을 위한 동호회 사람들을 만난다. 직장에 들어가 동료와 선배 사원들을 만나고, 비즈니스를 위해 고객을 만나기도 한다. 그런 만큼 첫 만남에서 좋은 인상을 만드는 것은 매우 중요하다.

처음 만나는 사람들에게 시선을 끌 수 있도록 적당히 과장할 줄 알아야 한다. 한편 당신을 이해시키기 위해서는 우선 당신이 어떤 유형의 사람인지 알도록 해주는 것이 필요하다. 상대방은 당신에 대해 세세하게 알기 전에 적어도 어떤 사람인지 정도는 분류할 수 있기를 원한다. 그리고 상대방의 이상형을 파악해 그 이상형에 가까운 유형의 사람으로 보이도록 하자. 이상형에 가까울수록 당연히 후한 평가를 받는다. 상대방이 처음부터 당신을 좋아하든 아니든 그와 자주 접하는 기회를 만들면 당신이 그 사람에게 익숙해지듯 상대방도 당신을 좋아하게 된다.

1
적당히 과장해 시선을 끌어라

사람들은 보통 의사 결정을 할 때 한 가지 정보 또는 하나의 특성에 지나치게 의존하는 성향이 있다. 유명한 심리학자 트버스키Tversky와 카너먼Kahneman은 사람들이 무언가를 추정해야 할 때 '기점화와 조정Anchoring and Adjustment'이라는 어림법을 쓰는 경향이 있다고 한다.[10]

사람들은 초기의 정보에 의존해서 기준점(기점화)을 정하고, 그 후 추가 정보를 얻으면 기준점에서부터 조금씩 조정을 한다는 것이다. 그러니까 초기 정보에 지나치게 의존하는 성향이 있는 것이다.

두 집단의 사람들에게 "아프리카 국가 중 UN 회원국은 몇 퍼센트인가?"라고 물었다. 한 집단에게는 "그 비율이 10퍼센트 이상인가, 이하인가?"라고 물은 다음 각자에게 그 비율을 말하게 했다. 응답자의 평균값은 25퍼센트로 나왔다. 다른 집단에게는 "그 비율이 65퍼센트 이상인가, 이하인가?"라고 물은 다음 역시 두 번째 질문으로 각자 나름대로 그 비율을 말하게 했다. 응답자의 평균값은 45퍼센트였다. 10퍼센트를 기준점으로 한 집단에서는 평균 비율이 25퍼센트로 나왔고 65퍼센트를 기준점으로 한 집단에서는 평균 비율이 45퍼센트로 나왔다. 그러니까 절댓값으로 말해야 하는 두 번째 질문에 답하는 데는 첫 번째 질문의 답이 출발점으로 작용한 것이다. 사람들은 절대적 사고보다는 어떤 기준에 대비해 상대적으로 생각하는 데 더 익숙하다.

이 원리에 따르면 이성 친구를 만나거나 면접에서 자기소개 할 때 나를 실제보다 과대 포장해서 소개할 필요가 있다. 상대방은 그 후 나에 대한 관찰을 통해서 또는 추가 정보를 통해서 나에 대한 평가를 조정할 것이다. 그러니까 최초 소개가 좀 높은 데서 출발하는 것이 유리하다.

소비자가 상품을 구매한 뒤의 만족 또는 불만족은 어떻게 결정되는가? 마케팅에서는 이에 대해 기대불일치 이론 Expectation Disconfirmation Theory으로 설명한다. 소비자는 구매 전에 정보 수집이나 광고를 통해서 사전 기대를 형성한다. 그리고 구매 후 그 제품을 사용하면서 체험 성능을 인식한다. 체험 성능이 기대보다 높으면 만족하고 낮으면 불만족하게 된다. 이때 성능이 정해져 있는 상황에서 기대를 지나치게 부풀려 놓으면 어떻게 될까? 불만족에 이르게 된다.

그렇다면 처음 만나는 사람에게 자기소개를 어떻게 하는 것이 좋을까? 실제보다 약간 과장하는 것이 좋다. 상대방이 좀 더 당신에게 관심을 갖게 함으로써 당신이 좀 더 돋보일 수 있을 것이다. 그러나 당신이 실제보다 지나치게 자신을 과장하면 상대방은 당신에 대해 과도한 기대를 하게 되고 실제가 기대에 못 미친다는 것을 인지하는 순간 당신에게 실망한다. 그러니까 약간 과장하는 것이 기점화의 이득을 누리면서 불만족에 이르지 않게 하는 최적의 방법인 셈이다.

친구를 데리고 음식점에 간다고 생각하자. 그냥 직장 근처에 있는 평범한 음식점이다. 친구가 그 집 음식 맛이 어떠냐고 묻는다. 별 무리 없이 할 수 있는 대답이 두 가지 있다. "깔끔하고 음식 맛도 괜찮아." 혹은 "그냥 그저 그래." 이 두 가지 대답 중 어느 경우에 친구가 더 맛있게 먹을 수 있을까? 당연히 깔끔하고 맛이 괜찮다고 약간의 과장을 할 때일 것이다.

두 가지 상황에서의 자기소개를 차례대로 살펴보자.

(1) 이성 친구에게 하는 자기소개

당신은 어떤 이성 친구를 만나고 싶은가? 이왕이면 '아주 괜찮은 사람'을 만나고 싶지 '그저 그런 사람'을 만나고 싶지는 않을 것이다. 그래서 중매쟁이는 혼인을 성사시키기 위해 늘 과장을 섞어 소개하곤 했다.

어떤 중매쟁이 아주머니가 이제 나이도 들고 기력이 쇠해져 후계자를 골랐고, "여보게, 조수. 중매쟁이는 과장을 잘해야 하네!"라고 재차 강조했다. 어느 날 중매쟁이는 조수를 데리고 외아들이 있는 부잣집에 신붓감을 중매하러 갔다. 그리고 둘은 열심히 신붓감을 소개했다.

"아드님에게 어울릴 만한 좋은 색싯감이 있습니다. 명문가 출신입니다." 중매쟁이의 말을 듣자마자 조수는 황홀한 표정으로 소리 지르며 "그렇습니다. 우리나라 최고 명문가 집안의 자제입니다."라고 받아쳤다. 다시 중매쟁이가 "아주 큰 부자입니다." 라고 전했고, 조수는 기다렸다는 듯이 중매쟁이의 말을 가로막으며 이렇게 거들었다. "수백억대 부자이지요." 흡족한 표정으로 조수를 바라보며 중매쟁이가 덧붙였다 "그 아가씨는 인물도 인형처럼 예쁘지요." 그러자 조수는 "인형이라니요. 인형보다 훨씬 더 예쁘지요. 양귀비 저리가라입니다."라고 호들갑을 떨었다. 분위기가 무르익었고 중매쟁이가 속삭였다. "사실은 허물도 하나 있지요. 등에 조그만 사마귀가 하나 있습니다!" 그러자 조수는 또다시 거들었다. "조그만 사마귀라니요. 큰 혹이지요!"

과장을 하되 어떤 점을 과장하는 것이 좋을지 생각할 수 있는 이야기이다. 우리는 상대방이 중시하는 측면을 과장해야 한다. 과거 중매쟁이가 하던 핵심 역할이 이것이다. 무척 스마트한 사람을 원하는 경우 당신이 어린 시절부터 주변에서 신동이라는 소리를 들으면서 자랐다고 강조해야지 농구선수도 할 수 있을 정도로 훤칠하게 키가 크다고 하는 것은 의미가 없다. 평생 안정적이고 가정적인 삶을 살길 원하는 경우 전문직 종사자나 조직 생활에 적합한 사람이라는 것을 강조해야지 언젠가 사업으로 크게 성공하는 비즈니스맨이 될 것이라고 해서는 호감을 살 수 없다.

어느 정도로 과장하는 것이 좋은가? 앞에서 언급했듯이 약간만 포장을 해야 한다. 과거 중매결혼을 한 부부들이 백년해로하는 것을 보면 상대방을 과장해서 소개하기는 하지만 그 정도가 지나치지 않았다는 것을 알 수 있다. 지나치게 과장하면 어떻게 될까? 결론은 상대방이 머지않아 실망한다. 태산을 떠메서 옮기고 축지법으로 하루에 1,000리를 가는 중국 무협지식 과장은 절대 금물이다.

(2) 면접에서 하는 자기소개

호감을 불러일으키는 최고의 추천사는 무엇일까. 몇 년 전 개봉한 〈뷰티풀 마인드〉라는 영화가 있다. 영화는 천재적 경제학자이자 수학자인 존 내쉬의 화려한 시절과 정신질환 때문에 겪는 암울한 시절을 모두 보여준다. 그는 '내쉬 균형Nash Equilibrium'이라고 알려진 게임 이론의 정립에 이바지한 공로를 인정받아 노벨경제학상을 받았다.

그에 대한 재미있는 일화가 있다. 그가 카네기 공대 학부를 졸업하고 박사과정에 지원할 때 지도교수인 더핀Duffin 박사는 그의 추천서에 딱 한 줄의 내용만 썼다는 것이다.

"이 사람은 천재입니다This man is a genius."

실제로 존 내쉬는 스물두 살 나이에 전체 분량 28쪽이 전부인 짧지만 탁월한 논문으로 박사학위를 받았다. 그리고 이 논문이 노벨경제학상을 받게 된 토대가 된다. 한 줄짜리 추천서는 그야말로 그를 함축적으로 잘 설명해준 촌철살인寸鐵殺人의 표현이었다. 그렇다고 하더라도 '천재에 가까운 학생'이라든가 '거의 천재'라고 해야지 그냥 천재라고 추천한 것은 약간 과장이라는 생각이다. 내쉬가 지원한 프린스턴 대학과 하버드 대학은 노벨상을 받을 만한 천재 지원자를 좋아할 터이니 적절한 과장이었다.

경영학과 학과장을 지낸 어느 교수는 신입생 오리엔테이션이나 직장인 대상의 MBA 프로그램 등 학과 교수를 소개하는 자리에서 언제나 약간의 과장법을 쓴다고 한다. 소개되는 당사자가 즐거운 것은 물론이고, 청중도 기분이 좋다. 내가 참여하는 교육 프로그램의 교수진이 우수해 보이기 때문이다. 이 학과장의 소개가 지나친 과장은 아니다. 논문을 많이 쓰는 분을 석학이라고 하고 기업 자문을 많이 하는 분을 그 분야 최고라고 하기 때문이다. 물론 참여자들은 그 소개에 약간의 과장이 있다는 것을 모르지 않는다.

졸업반 학생들이 종종 추천서를 써달라고 찾아온다. 그럴 때마다 강조해야 할 부분이 무엇인지 학생들에게 묻는다. 이 질문에 나름대로 답을 가지고 있는 학생들은 면접을 잘 볼 가능성이 높다. 그러나 답을 가지고 있지 않은 학생들은 면접 볼 준비가 제대로 되어 있지 않은 것이다. 지원 회사가 금융기관인지 전자나 반도체 업종의 회사인지 국내외에서 어떤 위치에 있는 회사인지에 따라 지원자가 강조해야 할 내용은 다르다.

적당하게 과장된 자기소개가 호감을 준다

실제보다 약간 과장한 자기소개는 조금 더 관심을 끄는 데 유리하다.
과장의 정도를 적당하게 지킬 때,
높은 평가를 받으면서도 과대 포장의 문제를 피할 수 있다.

지원 회사의 국내외 위상과 업종과 직종에 따라 지원자에게 요구하는 전문성이나 역량이 정해지기 때문에 지원자는 이를 제대로 파악해야 하며, 이런 요건에 맞춰 자기소개를 해야 한다. 만약 스무 개 회사에 지원한다면 스무 가지의 자기소개가 필요하다. 한 가지 자기소개서를 스무 개 회사에 보낸다면 어떤 회사도 만족하게 하지 못할 가능성이 높다. 면접을 위한 자기소개에서 가장 중요한 것은 회사의 요건을 알고 거기에 맞는 자신의 장점과 역량을 부각하는 것이다.

면접에서 자기소개는 자신의 강점을 짧은 시간 안에 제대로 표현해야 한다. 자신의 강점 중 회사가 원하는 인재상에 가장 어울리는 부분을 선택해 하나의 문장으로 요약하고 그 내용을 5분 이내로 설명할 수 있어야 한다. 여기서도 면접관의 관심을 끌 수 있도록 약간의 과장이 필요하다.

특히 몇 사람이 동시에 참가하는 집단 면접이라면 초기에 면접관의 주목을 받는 것이 가장 중요한 과제다. 국내 대표적인 컴퓨터 보안회사 인사팀장은 면접에서 처음 5분 이내에 면접관의 당락이 결정된다고 설명했다. 20분 정도 진행되는 면접에서 면접관은 5분 이내에 자신의 마음을 정하고 나머지 15분은 자신의 결정을 확인하는 데 쓴다.

2
첫 만남 5분에 호감도는 결정된다

우리는 새로운 사람을 만나면 어떻게 해서든 그 사람이 어떤 사람인지 알고 싶어 한다. 이를테면 약간 무식하지만 믿음직한 '돌쇠형'인지, 잔머리를 많이 쓰고 자기 생각만 하는 '이기적 인간형'인지, 남의 감정이라고는 아랑곳하지 않고 일만 생각하는 '업무 중심형'인지, 남의 감정을 세심하게 배려하는 '타인 지향적 인간형'인지 알고 싶어 한다.

우리는 일단 상대방이 어떤 유형에 속하는지 알고 나면 그 사람에 대한 자세한 정보는 몰라도 상당 부분 그 사람을 이해할 수 있다. 돌쇠형이 어떤 특징을 가진 사람인지 이미 우리 기억 속에 많은 정보가 있기 때문이다. 따라서 이 사람이 얼마나 좋은 사람인지 평가하거나 앞으로 어떻게 행동할지 예측할 수도 있다.

사람들의 첫인상에 따른 평가는 비교적 정확하다. 이런 실험 연구가 있다. 대학생에게 교수 열 명의 프로필을 보여 준 다음 각 교수의 강의 장면을 담은 비디오를 30초(시작 부분 10초, 중간 부분 10초, 마지막 부분 10초)씩 보여 준 뒤 교수에 대한 강의 평가를 하게 했다. 평가 내용은 강의는 명확한지, 내용은 유익한지, 준비는 잘 되어 있는지, 흥미를 유발하는지 등에 관해서였다. 그렇게 해서 취합한 강의 평가와 그 교수가 실제로 속해 있는 대학에서 받은 강의 평가를 비교해보니 양자 간 관계가 상당히 높았다. 말하자면 학생들은 새로운 교수의 강의를 30초 정도만 들으면 비교적 정확하게 평가할 수 있다는 것이다.

말콤 글래드웰은 우리는 일상생활에서 상당 부분 직관과 통찰에 의지하며, 인간의 본능적 판단이나 인식이 상당히 정확하다고 주장한다.[11] 우리가 정확한 판단을 하는 데 필요한 것은 핵심 정보이며, 그 밖의 더 많은 정보는 대부분 이미 내린 판단을 확인하는 데 사용될 뿐이지, 더 정확한 판단을 내리는 데 적용되지 않는다는 것이다. 이처럼 누군가를 처음 만날 때나 긴급한 상황에서 신속하게 결정을 내려야 할 때 우리의 무의식에서 섬광처럼 일어나는 순간적인 판단이 오랜 시간 동안 생각하고 내린 선택보다 더 나을 수 있다.

미국 클리블랜드에서 있었던 일이다. 한 주택의 1층 뒤쪽에 있는 부엌에 불이 나 소방관 몇 명이 출동했다. 문을 부수고 소방 호스를 들여 놓은 다음 물을 뿜었다. 그런데 불길이 영 줄지 않았다. 무언가 잘못되어가는 것을 느낀 최고선임 소방관은 즉시 소방팀을 철수시켰다. 곧 1층이 내려앉았다. 불은 부엌이 아닌 지하실에서 난 것이었다.

최고선임 소방관에게 그 위험을 어떻게 예측했는지 물었지만, 그는 잘 설명하지 못했다.

부부관계 분야에 꽤 유명한 분석가가 있다. 그는 특정 부부와 일상적 대화를 한 시간 동안만 나누면 그 부부가 앞으로 15년 이내에 이혼할지 아닐지 95퍼센트 이상 정확하게 예측해 낸다고 한다. 그런데 분석 시간을 15분으로 줄이더라도 이혼 예측의 정확성은 90퍼센트로 한 시간 동안의 분석에 비해 아주 조금 감소할 뿐이다.

그러니 매년 입사 지원자를 면접하는 인사 담당이 한 지원자를 판단하는 데 얼마의 시간이 필요하겠는가? 5분도 길다. 마찬가지로 소개팅 자리에서 상대방을 판단하는 데 어느 정도의 시간이 필요할까? 당신이 얼마나 지적이고 독서를 많이 하며 여성에게 얼마나 자상한지 오랜 대화를 통해 설명할 틈조차 없이 만난 지 5분도 안 되어 순식간에 판단이 이뤄진다.

사람이든 사물이든 새로운 대상에 관한 정보를 처리하는 방식에는 두 가지가 있다. 하나는 범주적 정보 처리고 다른 하나는 개별적 정보 처리다. 전자는 처음 만난 사람이 어떤 범주에 속하는지 파악한 다음 그 범주에 해당하는 기억 정보를 통해 그 사람을 이해하는 방식이다. 사람들은 새로운 사람이나 사물에 대해 특징적인 한두 가지를 보고 범주를 파악한다. 이것은 사람들의 판단 성향을 말하는 것이지 정확한 판단을 한다는 의미는 아니다. 범주 파악이 어려운 경우 우리는 그 사람에 관한 신상 정보와 특성을 파악해 평가한다. 이런 방식이 개별적 정보 처리다. 여기서 기억해야 할 것은 신입사원 면접, 승진 인사 평가, 대학원 면접, 소개팅 등 당신을 평가하는 많은 사람이 우선 범주적 정보 처리를 시도한다는 것이다.

사람들이 상품의 품질을 평가할 때 어느 나라에서 생산한 것인지 원산지를 보고 평가하는 것도 범주적 정보 처리다. 미국에서 공부하던 1990년대 초반만 해도 일제 가전제품은 고품질의 대명사였다. 너나없이 TV는 소니를 최고로 쳤다. 그중에서도 생산지가 일본인 제품은 더욱 높게 평가받았다. 한국산 제품은 진열대 한쪽 구석에서나 볼 수 있었다.

승용차도 일제 차의 인기가 높아 도요타 캠리와 혼다 어코드는 미국 중산층 소비자가 가장 선호하는 차로 꼽힐 정도였다. 당시만 해도 한국 자동차는 품질은 나쁘지만 싼 맛에 사는 차에 불과했다. 하지만 2000년대 중반 무렵부터 큰 변화가 나타났다. 미국인인 나의 지도 교수는 한국 브랜드의 TV를 샀으며, 써보니 아주 만족해서 동생에게도 같은 모델을 선물했다고 한다. 내가 타는 차종이 뭐냐고 묻더니, 한국 자동차는 품질이 아주 좋다며 나보다 더 자세하게 설명했다. 한국산 TV를 사용한 뒤 느낀 긍정적 평가가 한국산 상품에 대해 긍정적인 평가를 하게 만든 것이다.

사람도 마찬가지다. 당신은 어떤 사람으로 평가받고 싶은가? 중요한 것은 당신이 속하고자 하는 이상적 범주의 전형적인 특징을 파악하고 당신이 그 특징을 가지고 있음을 내보여야 한다.

세세한 스펙보다
어떤 유형인지 알게 하라

사람들은 짧은 시간 안에
당신에 대한 첫인상을 형성한다.
한두 가지 특징적인 정보를
제공함으로써
당신이 어떤 유형의 사람인지
효과적으로 알릴 수 있다.

예를 들어 여자 친구 집에 초대를 받았다고 하자. 그렇다면 당신은 그녀의 아버지가 원하는 사윗감이 어떤 유형인지 먼저 파악하는 게 좋을 것이다. 인간관계가 넓고 일에 집중하는 '일 중시형' 사위인지 아니면 가족과의 생활을 중시하는 '가족 중시형' 사위인지를 파악하는 것이 중요하다. 그다음 여자 친구 아버지가 호감을 느낄 수 있는 유형의 사윗감으로 보이도록 한두 가지 특징을 드러내는 것이 좋다.

또 한 회사에 면접을 보기로 했다고 하자. 그렇다면 당신은 그 회사에서 원하는 인재가 어떤 유형의 사람인지를 먼저 파악해야 한다. 장차 영업에서 큰 업적을 낼 수 있는 '개척형'인지 아니면 꼼꼼하게 분석하고 문제를 해결하는 '관리형'인지 알아야 하고, 그것을 안 다음에는 '개척형' 또는 '관리형'으로 보이는 데 필요한 가장 눈에 띄는 특징이 무엇인지를 찾아내야 한다. 그리고 짧은 시간 안에 당신이 그 회사가 원하는 유형의 사람이라는 것을 부각해야 한다.

처음 만나는 사람에게 당신을 이해시키기 위해 세세한 정보를 제시하기보다는 당신이 속한 유형의 한두 가지 특징을 제시하는 것이 훨씬 더 효과적이다. 사람들은 짧은 시간 안에 당신에 대한 첫인상을 형성한다. 상대방이 호감을 느낄 수 있는 한두 가지 정보를 제공함으로써 당신에 대한 평가는 월등히 좋아질 것이다.

3 호감도 지속의 법칙

　청년 시절 때의 이야기다. 나를 포함한 시골 출신 친구들이 입을 모아 꼽았던 이상적인 아내상은 '콩팥형'의 여성이었다. 콩을 놓고도 팥이라고 하면 팥이라고 믿는 그런 유형의 여성을 뜻하는 것이었다. 지금 생각해 보면 참으로 어처구니없는 소리며, 욕을 바가지로 얻어 먹을 소리가 아닐 수 없다. 바보가 아닌 이상 누가 콩을 팥이라고 믿겠는가?

　많은 사람이 결혼 전과 후는 분명 다르다고 말한다. 남녀를 불문하고 그렇게 말한다. 내 친구 중에 자신과 결혼할 여성이 참 순한 사람이어서 좋다는 친구가 있었다. 그런데 결혼하고 몇 해가 흐른 뒤 자신이 완전히 속았다며 흥분을 한다. 아내가 전혀 순하지 않다는 것이다. 부부싸움이라도 하게 되어 자기가 눈을 좀 부릅뜨면 아내는 더 무섭고 크게 뜨고, 소리라도 지르면 아내는 더 크게 오래 지르고, 뭐

하나 던지자 아내는 더 큰 물건을 던지더란다. 니체는 이미 오래전에 이에 대해 깨달았다.『차라투스트라는 이렇게 말했다』에 다음과 같은 구절이 있다.

"그는 천사의 덕을 지닌 하녀를 구했으나, 오히려 한 여인의 종이 됐다. 그래서 그가 이제 천사가 되지 않으면 안 된다. 아무리 약삭빠른 자라 할지라도 베일을 쓴 아내를 맞아들이게 마련이다."

그렇지만 결론이 중요하다. 부부싸움은 칼로 물 베기라고 하지 않던가. 내 친구는 속아서 결혼했다고 말하면서도 여전히 아내를 좋아한다.

브랜드를 선호하는 것은 여러 단계를 거쳐 만들어진다. 브랜드의 높은 품질이 인정을 받고 많은 사람에게 알려지는 단계, 많은 사람의 호감과 선호를 사고 일부 마니아층이 생기는 단계, 일부 충성파 고객들이 그 브랜드만 반복 구매하는 단계, 일부 고객들이 그 브랜드를 아끼고 사랑하는 단계 등이다. 마지막 단계에서는 고객과 브랜드 간의 관계가 사랑하는 연인 혹은 부부처럼 밀접하고 지속적인 관계가 된다.

프랑스는 유명한 5대 샤토 와인을 비롯해 세계 최고급 와인 브랜드를 가장 많이 보유한 나라다. 가격도 비싸다. 고급 와인은 오랜 숙성을 거쳐야 진가를 알 수 있는데, 30년 이상의 빈티지는 최고의 맛이라고 한다. 그쯤 되면 가격이 100만 원을 넘는 경우가 다반사다.

이런 프랑스 와인도 한때 큰 위기에 처했다. 프랑스 와인 애호가들이 인정하지 않던 미국 와인들과의 블라인드 테스트 결과 예상 외로 프랑스가 진 것이다. 1976년 파리에서 프랑스와 미국의 대표 레드 와인과 화이트 와인 브랜드들이 참가하고 와인 전문가로 이뤄진 심사위원단이 블라인드 테스트를 했다. 예상과 달리 캘리포니아 와인이 레드와 화이트 부분 모두 1위를 차지했다. 프랑스 측은 숙성이 안 된 와인을 대상으로 했기 때문에 평가가 제대로 이뤄지지 않았다고 주장했다. 그래서 30년 뒤인 2006년에 숙성 과정을 거친 같은 브랜드 와인을 대상으로 다시 블라인드 테스트를 했다. 결과는 캘리포니아 와인의 완승이었다.

그런데 이 블라인드 테스트 결과 때문에 프랑스 와인의 가치가 떨어지고 가격이 하락했을까? 아니다. 이 결과로 미국을 비롯해 칠레, 호주 등 신대륙 와인이 성장하는 계기는 되었지만, 프랑스 고급 와인의 가치는 여전히 짱짱하게 유지되고 있다. 인터넷에서 프랑스 고급 와인 브랜드들을 검색해 보면 쉽게 확인할 수 있다.

애플 아이폰은 새 모델이 나올 때마다 많은 사람이 매장 앞에 밤새 줄을 서서 기다리는 광경이 펼쳐지고, 새 모델이 나오기도 전에 예약 판매도 상당수 이뤄진다. 애플은 PC에서도 아이콘을 기반으로 하는 화면과 그래픽 기능의 우수성, 독창적인 디자인 등으로 다수의 마니아층을 확보하고 있다.

아이패드와 아이튠즈를 통해 이제는 단순히 기능 때문에 사는 제품이 아니라 제품을 통해 자신을 표현하고 유행에 동참하는 수준에까지 도달했다. 그런데 아이폰4의 출시를 앞두고 애플은 큰 실수를 저질렀다. 고객이 손을 잡는 위치에 따라 통화 감도가 크게 떨어지는 이른바 '안테나 게이트' 문제가 생긴 것이다.

애플은 고객들에게 고압적으로 대응했다. 문제가 지적된 초기, 애플은 사용자가 특정 위치를 잡지 않으면 된다는 식의 답변으로 고객에게 문제를 전가하는 듯한 대응 자세를 취했다. 고객들이 분노하기 시작하면서 문제가 심각하게 악화할 조짐을 보이자 애플은 그 문제점에 대해 사과한 뒤 덮개를 무료로 제공하는 방식으로 사태를 수습했다.

고객들로부터 강한 사랑을 받는 브랜드가 아니었다면 회사의 존속을 위협할 정도의 사건이었지만 애플은 극복해 냈다. 그리고는 회사의 창업자이자 아이콘인 스티브 잡스가 세상을 떠났다. 이런 악재에도 애플에 대한 마니아층의 사랑은 식을 줄을 모른다.

감정 지속의 법칙Affect Perseverance Theory은 위 사례들을 잘 설명한다. 이 법칙은 좋아하는 사람이나 대상에 대한 우리의 마음 상태를 보여 주는 이론이다. 어떤 사람이나 대상을 '무슨 이유 때문에' 일단 좋아하면 우리의 감정과 애정은 그 이유가 사라지더라도 지속된다는 것이다. 예를 들어 어떤 남자가 '무척이나 다정다감'해 보여서 좋아하게 되었다고 하자. 얼마 후 알고 보니 그 남자는 전혀 다정다감한 사람이 아닌 것으로 드러나도 당신의 애정은 지속된다. 블라인드 테스트에서 1등을 못하는 와인이라도, 안테나 문제점이 있는 스마트폰이라도 고객의 사랑이 지속되는 것처럼 말이다.

이 이론에 의하면 사람의 감정은 비합리적이다. 왜냐하면 우리의 감정이 사실 또는 실체에 의존하지 않기 때문이다. 누군가의 어떤 좋은 면을 보고 이끌리면 이 감정은 통제되지 않는다. 좋아했던 근거가 사실이 아님이 밝혀지더라도 애정과 호감이 유지되는 것이다.

대학을 졸업한 딸아이가 외국계 통신사에 인턴사원으로 일하게 됐다. 정규직 전환을 전제로 하지 않는 인턴이고 월급도 아주 적은데 일은 많다. 일은 아침 일찍부터 시작된다. 더욱이 인턴사원은 선배들이 나오기 전에 미리 출근해서 신문을 각 선배의 자리에 맞게 배분하고 모든 모니터 스위치를 켜놓는 것이 예의라고 한다. 평소 게으른 아이라서 적응하기 어려울 것으로 예상했는데 뜻밖에도 잘 적응했다.

딸아이는 아침 5시면 일어나서 6시가 조금 지나 출근한다. 자신이 신문과 모니터를 챙긴 다음 출근하는 선배들에게 씩씩하고 명랑하게 인사를 해서 다들 자기를 좋아한다고 한다.

또 하나의 일은 취재거리가 있는 유명인으로부터 쿼트Quote를 따는 것이란다. 어떤 유명인이 어디엔가 모습을 드러내면 여러 기자가 따라붙으면서 한 말씀만 해달라고 들이대는 것이다. 용감하고 신속하게 들이대야 한단다. 평소 남 앞에 서는 것을 몹시 주저하고 비비적거리는 아이인데 어쩐 일인지 자신은 용감하게 쿼트를 잘 딴다고 한다.

콩이냐 팥이냐보다 호감을 사느냐 못 사느냐가 중요하다

일단 당신에 대한 호감이 형성되면
그 이유가 사라져도 호감은 지속되는 경향이 있다.
그 사람이 당신을 좋아할 때까지
그 사람의 이상형이 되도록 최대한 노력하라.

어디까지 믿어야 할지 의문스럽지만 딸아이 말이 맞다면 여기까지는 성공한 셈이다. 선배들이 자기를 좋아한다니 앞으로 본색을 드러내도 호감은 지속될 것이다.

사람들은 무슨 이유든 누군가를 일단 좋아하면 그 호감의 근거가 사라지더라도 그 사람을 지속해서 좋아하는 경향이 있다. 그러니 우선 그 사람의 호감을 사놓고 보는 것이 유리하다. 그 사람이 당신을 좋아하게 될 때까지 그 사람의 이상형이 되기 위해 최대한 콩팥형이 되도록 노력해야 한다.

4
쥐의 마음을 사로잡은 고양이

'여덟 시 통근 길에 대머리 총각 오늘도 만나려나 떨리는 마음~' 오래된 유행가 가사다. 버스나 전철을 타고 등교하는 요즘 학생중에도 비슷한 감정을 경험하는 사람이 있을 것이다. 어떤 사람이든 자꾸 만나면 익숙해지고 이유 없이 약간의 친밀감을 느끼게 된다. 이것이 이른바 단순노출 효과다.

물론 이와는 다르게 논리적 경로를 거쳐서 누군가를 좋아할 수도 있다. 어떤 사람에 대해 새로운 정보를 더 알게 됨으로써 또는 여러 측면에 대해 이해하게 됨으로써 호감이 증가한다. 처음엔 몰랐는데 사실은 그 사람이 여러 가지 악기를 다루는 사람이라서, 남모르게 선행을 한 사람이라서, 부잣집 아들이라서, 명문대 출신이라서 등의 다양한 이유로 더 좋아하게 되는 것이다.

단순노출 효과는 이런 논리적인 경로에 의해 호감이 형성되는 것이 아니라 단순히 자꾸 보는 기회가 많아지면서 호감이 생기는 경우다. 김치도 아기 때부터 늘 먹다 보니까 한 끼만 안 먹어도 안 될 정도로 좋아하는 것이지, 김치의 영양소나 유산균 작용에 따른 우수한 효능 때문에 좋아하는 것이 아니다. 단순노출 효과는 실험을 통해서도 입증된다. 실험은 다음과 같다.

실험자가 별 의미 없는 'kpttske' 'ghsakle'와 같은 영어 단어들로 구성된 두 가지 리스트 A와 B를 준비한다. 피험자에게 A 리스트는 몇 차례 반복적으로 보여주고, B 리스트는 한 번만 보여 준 다음 A 리스트에 속한 단어들과 B 리스트에 속한 단어들에 대해 피험자의 선호도를 묻는다. 결과는 A 리스트의 단어들에 대한 선호도가 높다는 것이다. 이 실험의 결과는 별 이유 없이 더 많이 본 것을 더 좋아한다는 사실을 말해 준다.

이 효과에 해당하는 다양한 사례가 있다. 2011년에 인기를 끈 〈나는 가수다〉라는 TV 프로그램에 출연한 모 가수는 그전까지 '얼굴 없는 가수'였다고 고백했다. 회를 거듭하면서 인기를 얻자 그는 '비주얼 가수'라는 소리도 듣고 광고 출연도 하게 됐다. 얼굴이 익숙해지면 친숙하게 느껴지고 전보다 더 호감이 생긴다.

캠퍼스 커플이 된 학생들에게 자신의 파트너를 왜 좋아하게 되었는지 물어보면 공통으로 하는 대답이 있다. 처음에는 성격과 성향이 잘 맞는다고 생각해서 호감을 느꼈고, 그 후 자꾸 보다 보니 "눈, 코, 입, 하나하나 떼놓고 보면 예쁜 건 아닌데 전체적으로는 예뻐 보인다"

고 말한다. 실상 미인이 아니지만 자주 만나다 보니 자기 눈에는 미인으로 보인다는 뜻으로 이해할 수 있지 않을까.

중년 부부들에게 물어보라. 당신의 배우자는 어느 정도 잘생겼나요? 대다수 부부는 자신의 배우자가 평균 이상이라고 생각한다. 처음 소개받았을 때를 회상해 보면 "저 사람 못생겨서 결혼하기 싫어"라고 망설였던 부부가 분명 있을 것이다. 그런데 10년, 20년 같이 사는 동안 배우자의 인물이 실제로 잘생겨진 것일까? 그게 아니라 서로가 익숙해지면서 배우자에 대한 인식이 바뀐 것이다.

나의 지인 중 대단한 미인과 결혼한 사람이 있다. 둘 다 거의 40대가 되어 결혼했으니 당시로는 꽤 늦은 결혼이었다. 이 여성은 대학교에 다닐 때에도 남학생들이 말조차 건네기 힘들 만큼 소문난 미인이었다. 외국에서 수년간 공부하고 일하는 동안 그녀도 나이를 먹었다. 그럼에도 항상 주위에 남자들이 끊이지 않고 기웃거려 나이 드는 것도 실감하지 못했다.

아이러니하게도 그녀의 남편은 꽤 못생긴 편이다. 지금은 거의 대머리인데, 총각 시절에도 앞머리가 휑하고 얼굴도 꽤 큰 편이었다. 이 남성은 대학 시절 말도 못 붙여 보던 그녀가 아직 싱글이고 외국에서 일하고 있다는 사실을 알게 됐다. 그래서 엄청난 용기를 내어 밑도 끝도 없이 그녀의 아버지에게 전화하고는 직접 찾아가 "따님은 절 알지도 못하지만 전 따님을 무척 좋아하니 도와달라"고 전후 사정을 설명했다고 한다. 그녀가 귀국하고 3년 동안 끈질기게 그녀를 따라다닌 끝에 그는 결국 결혼에 성공했고, 딸 둘을 낳아 행복하게 살고 있다. 그녀는 지금 신랑이 누구보다도 좋다고 한다.

재미있는 것은 두 사람이 처음 만났을 때의 감상이다. 약속 장소에서 아무리 둘러봐도 미혼으로 보이는 젊은 남자가 없었다. 그 자리에 꼭 한 남자가 있기는 한데 저 사람만 아니면 정말 좋겠다고 생각했다는 것이다. 그런데 얼마 후 알고 보니 업무 때문에 필요한 자료가 그 남자 직장에 있었고, 그 남자는 정성스럽게 자료를 정돈해 그녀에게 넘겨주었다. 그 과정에서 몇 번 보게 되었고 그 다음에는 특별히 거절할 이유가 마땅치 않아 또 몇 번 만나게 됐다. 그러는 사이 유머 감각도 있고 제법 재미있는 그 남자에게 조금씩 끌리기 시작했다. 이쯤에는 외모에 대한 거부감도 상당히 사라진 상태였다.

이제는 만나자는 청에 굳이 거절할 이유를 찾지 않게 되었고, 자꾸 만나다 보니 어느새 그 사람이 익숙하고 친숙하게 느껴졌다고 한다. 그렇게 해가 거듭되면서 자신을 더없이 귀하게 여기는 그에게 어느 정도 호감이 생기고, 마침내 그의 청혼을 받아들였다.

대학원에 진학하고자 하는 학부생도 이와 다르지 않다. 교수가 대학원에 진학시키고자 하는 학생은 늘 앞자리에 앉아서 진지하게 수업에 참여하는 학생이다. 처음 몇 번 보면서 성실한 학생이라고 생각하게 된다. 한 달쯤 지나도 여전히 이 학생은 앞자리에 앉아서 열심히 수업을 듣고 질문도 하고 과제도 꼼꼼히 해낸다. 이제 교수는 그를 괜찮은 학생이라고 판단한다.

이런 학생이 중간시험에 성적이 잘 나오면 역시 우수한 학생이라며 자신의 판단이 옳았다고 생각할 것이고, 성적이 좋지 않게 나오면 교수는 자신이 채점을 제대로 했는지 한 번 더 살펴볼 것이다. 이러니 주관식 채점이 더 유리하게 작용할 가능성이 높은 것은 물론이다. 학기가 끝난 다음 이 학생이 찾아와 대학원에 진학하고 싶다고 말할 경우, 교수는 이미 이 학생에 관해 판단을 내렸고 면접에서 좋은 평가를 줄 것이 확실하다. 이 학생은 교수의 호감을 사는 데 성공한 셈이다.

당신이 승진을 앞둔 3년 차 회사원이라면 어떤 것을 꼭 챙겨야 할까? 일단 인사 담당 임원이 당신을 알고 있어야 한다. 업무 보고를 통해서든 회의를 통해서든 회식 자리를 통해서든 당신이 누구라는 사실을 알릴 수 있어야 한다. 나이 차이가 크게 나는 인사 담당 임원의 눈에 당신은 그저 '젊은 사원' 중 한 명으로 보일 뿐이기 때문이다.

그런 다음 회의 자리에서 나름대로 일리 있는 의견을 제시하면 인사 담당 임원은 당신에 대해 약간 긍정적인 느낌이 들게 될 것이다. 그 후 엘리베이터에서, 주차장에서, 회식 자리에서 마주칠 때마다 싹싹하게 인사를 잘하면 어느새 익숙하고 친숙하게 느껴진다. 이쯤 되면 그 임원은 당신을 호의적으로 평가할 준비가 되어 있는 것이다. 그러면 당신은 단순노출 효과에 따른 호감 증가를 기대할 수 있다.

사람들은 처음 보는 순간 어색했던 사람도 반복적으로 보면 눈에 익어 익숙하게 느낀다. 반복적 노출이 지속되면 친숙하게 보여 호감

단순노출 효과로 호감을 사라

사람들은 어떤 대상을 자꾸 보게 되면
친숙하게 느끼고 좋아하게 된다.
당신이 누군가의 호감을 사고 싶으면
일단 그 사람 앞에
자주 나타나야 한다.

을 느끼게 되는 것이다. 그 대상에 대해 더 많은 사실을 알게 되어서가 아니다. 익숙하고 친숙하게 보여서 자신도 모르는 사이에 좋아하게 된다. 당신이 누군가의 호감을 사고 싶다면 자꾸 그 사람 앞에 나타나라. 그것만으로도 도움이 될 것이다.

3장

타인의 취향 알기

상대방의 눈에 들어 호감을 사려면 우선 상대방을 이해해야 한다. 그가 어떤 사람이고 어떤 특징이 있는지, 어떻게 행동하는지 이해해야만 상대방에게 적합한 접근 방식을 찾아내고 설계할 수 있다.

사람들은 주위 사람이나 대상에 대해 자기 나름대로 지각하며 그 지각을 토대로 행동하게 된다. 따라서 상대방이 보이는 지각의 패턴을 이해해야 한다. 사람들은 여러 가지 다양한 심리적 성향을 가지고 있다. 그래서 대개 자신의 생각과 일치하는 정보와 의견은 잘 받아들이고 상반되는 것은 무시하기 일쑤다. 성격도 매우 다양해서 외향적인 사람이 있는가 하면 내성적인 사람도 있다. 성격에 따라 같은 결과에 대한 해석이 달라질 수 있으니 상대방의 성격을 알아야 그 사람의 행동 양식을 이해하고 예측할 수 있다. 사람들은 기본적으로 자신의 생각을 잘 바꾸지 않는다. 고집이 얼마나 센지 그 정도의 차이만 있을 뿐이지 사람은 누구나 고집쟁이라는 사실을 알아야 한다.

또 사람들은 누가 하라고 시키면 하고 싶다가도 이내 하기 싫어지는 청개구리 성향을 가지고 있다. 그러므로 이런 성향을 잘 이해하고 피할 것은 피하며 잘 어울릴 방법을 찾아야 한다. 사람들은 자신이 좋아하는 것을 같이 좋아하고, 싫어하는 것을 같이 싫어하는 사람을 좋아한다. 한마디로 맞장구를 잘 쳐주어야 호감을 살 수 있다.

1
상대방의 지각 패턴을 분석하라

어떤 자극의 의미를 이해하기 위해서는 우선 그 자극이 우리의 오감 중 하나에 노출되어야 한다. 그리고 그 자극에 주목해야 하며, 자극의 여러 요소를 하나로 통합하고 조직해서 그 의미를 해석해야 한다. 그 모든 과정을 지각이라고 한다.

직장에서 상사가 무슨 옷을 입고 있는지, 오늘 기분이 좋은지 아닌지, 평소와 같은 방식으로 말하는지 다른 방식으로 말하는지, 직원을 평가할 때 후한지 인색한지, 인사 스타일이 공정한지 아닌지 등을 파악하는 것이 지각이다. 마찬가지로 그녀가 오늘 어떤 옷차림인지, 머리 모양은 어떤지, 표정이 즐거운지 등을 파악하는 것도 지각이다.

지각의 큰 특징은 선택적이라는 것이다. 예를 들어 지하철을 이용할 때 우리가 늘 마주하게 되는 다양한 대상이 있다. 앞쪽에 앉아 있는 사람들, 옆에 서 있는 사람들, 헤드폰을 끼고 음악을 듣는 사람, 스마트폰을 보는 사람, 선반 위의 광고물과 창밖으로 스쳐 지나가는 배경 등등. 우리의 감각 기관은 그중 아주 일부만을 감지한다. 입 벌리고 자는 사람을 보면서 재미있다고 생각하거나 바로 옆에서 큰 소리로 통화하는 사람에게 짜증이 날 수도 있다. 하지만 우리는 그 모든 사람과 대상을 하나하나 놓치지 않고 보지는 않는다. 당신이 지금 면접을 보러 가는 길이며 머릿속에 꼼꼼하게 자기소개를 외우고 있는 상태라면 당신 눈에는 아예 아무것도 들어오지 않을 것이다.

배가 고픈 상태로 길거리를 걸어본 적이 있는가? 그럴 때는 음식점만 눈에 들어온다. 그중에서도 특히 어떤 음식점에 주목할까? 당연히 자신이 좋아하는 메뉴를 파는 식당에 눈길이 간다. 바로 선택적 주목이다. 남학생이라면 길거리에서 마주치는 많은 여성 중 어떤 사람에게 더 주목하겠는가? 자신이 좋아하는 스타일의 여성에게 주목한다. 당신이 몇 년째 싱글이라고 치자. 당신 눈에는 거리에 온통 다정한 커플들이 넘쳐나는 것처럼 보일 것이다.

다음 그림을 한번 보라. 무엇이 보이는가? 흰색 말과 기사가 보이는가, 아니면 검은색 말과 기사가 보이는가? 같은 그림을 놓고서 사람에 따라 혹은 상황에 따라 흰색 말과 기사를 볼 수도 있고 검은색 말과 기사를 볼 수도 있다.

우리의 해석도 선택적이다. 유명 연예인이 탈세 혐의로 검찰 조사를 받고 있다는 뉴스를 보았다고 하자. 이때 모든 사람의 반응이 같지는 않다. 어떤 사람은 세금 납부에 성실하게 임하지 않았다는 사실

에 분개한다. 하지만 어떤 사람은 연예인의 비용 계산이 명확하지 않고, 누구나 절세를 위해 노력한다는 점을 강조하며 동정하기도 한다.

광고를 볼 때도 마찬가지다. 기능성 화장품이 피부 노화를 방지하는 데 매우 효과적이라는 광고를 해석하는 데도 시청자마다 차이가 있다. 어떤 사람은 광고의 내용을 상당 부분 믿는가 하면, 어떤 사람은 광고 뒤에 깔린 상업적 목적에 의심의 눈초리를 보낸다.

사람들의 지각에는 선택성이 작용한다. 그래서 같은 정보, 인물, 제품에 대한 사람들의 해석은 각기 다르다. 쉽게 말하면 사람들은 자신이 보고 싶은 것만 본다. 제각기 자신의 방식대로 지각하지만 그 또한 상황마다 다르거나 멋대로 하는 경우가 다반사다.

사람들에게는 각자 자기 나름의 지각 패턴이 있다. 평소 생각이 보수적인 사람은 사회적 이슈나 화제에 대해 보수적으로 해석할 것이고, 진보적인 사람은 진보적 관점에서 해석할 것이다. 상대방의 평소 생각과 태도를 알면 그 사람이 뉴스나 이슈에 대해 해석하는 방향도 짐작할 수 있다.

바이오 분야의 공부를 하고 바이오 벤처 회사를 창업해 크게 성공한 사람이 있다. 현재 그의 회사는 코스닥 등록 기업으로 바이오 4대 회사 중 하나로 꼽히며 시가 총액이 약 1조 원에 이른다. 내가 아는 사람 중 가장 성공한 사업가다. 그가 미국 버클리 대학에서 박사 후 연구원으로 일할 당시 그의 지도교수는 한국인 여성 교수였다. 지금 연세가 60대 후반인데 버클리 대학의 석좌교수로서 대단한 연구 업적을 가지고 있으며 아직도 활발하게 연구하고 있다. 이 지도교수에 대한 사람들의 평가는 모 아니면 도다. 많은 연구 업적을 가지고 있는 사람들이 대개 그렇듯이 그녀 또한 일에 대해 열정적이다.

그녀는 연구원들이 주말도 상관하지 않고 1년 열두 달 일하기를 원한다. 저녁 6시에 퇴근하는 것도 몹시 싫어하며 연구원이 받는 월급 이상으로 일하기를 원한다. 그녀 밑에서 몇 년 그렇게 연구하고 논문을 쓰고 나면 저절로 그 분야의 실력자로 성장한다. 하지만 절반 이상은 견디지 못하고 중도에 떠난다. 끝까지 남는 사람들에게 그녀는 일생의 은인이지만, 중도에 떠나는 사람들에게 그녀는 인정머리 없는 교수일 뿐이다.

짐작하겠지만 벤처 회사를 운영하는 나의 지인은 그 집중 훈련 과정을 잘 견뎌냈으며, 가끔 그 시절을 이렇게 회상한다. "힘들었지만 그분으로부터 실험의 A부터 Z를 모두 배웠고 그 결과 오늘의 사업을 일으킬 수 있었다." 같은 지도교수라고 해도 그 밑에서 배우는 사람들의 생각은 극과 극으로 엇갈릴 수 있다.

　미국 유학 시절의 이야기다. 일부 한국 유학생들이 "인도 사람은 믿을 수 없다"고 말했다. 오랫동안 타국의 지배를 받았기 때문에 눈치가 빠르고 기회주의적인 경향이 몸에 배어 있다는 것이다. 그러나 내 경험에 비추어 볼 때 이 주장은 근거 없는 편견이다.

　나는 박사과정을 시작하면서 같은 전공 분야의 인도인 학생과 친해졌다. 이 친구와 연구실도 같이 쓰고 강의도 같이 듣고 연구도 같이 했다. 몇 년 그렇게 지내다 보니 이 친구는 입만 보고도 내가 무슨 말을 하려는지 다 알 정도다. 영어 단어가 생각나지 않아 더듬거리면 이 친구가 그 상황에서 내가 쓰고자 하는 가장 적절한 어휘를 골라 주는 것이다.

　비슷한 시기에 졸업해 이 친구는 지금 미국에서 교수 생활을 하고 있다. 국적도 다르고 멀리 떨어져 있지만 몇 년에 한 번씩 만나기도 하면서 우정을 유지하고 있다. 그동안 결혼해서 고교생 아들이 있는데, 그 아들은 나를 가족과 다름없는 삼촌쯤으로 대한다.

　정보를 전달하는 사람의 관점에서는 그 정보를 받는 사람이 전달자의 의도대로 받아들이는지 확인해야 한다. 설령 나와 의견이 다르더라도 그 원인을 파악하고 이해하면 그 사람과 가까워지는 데 문제가 되지 않는다는 것을 경험할 수 있다.

사람들의 지각은 선택적이다

사람들은 자신이 보고 싶은 것만 보고
자신의 생각대로 해석한다.
상대방이 지각하는 패턴을 이해하면
그 사람을 더 잘 이해할 수 있고
더 잘 어울릴 수 있다.

당신이 하는 프레젠테이션을 왜 당신 부장은 곧이곧대로 받아들이지 않는가? 그 부장은 모든 팀원의 프레젠테이션에 같은 반응을 보이는가, 아니면 유독 당신의 제안만 다르게 해석하는가? 그렇다면 부장이 그대로 수용하는 사람의 프레젠테이션은 당신의 것과 어떻게 다른가? 이런 질문에 답함으로써 상대방이 좀 더 내가 원하는 쪽으로 수용하게 할 수 있다.

사람들의 지각은 선택적이다. 같은 인물이나 정보 또는 상황에 대한 사람들의 생각은 제각기 다르게 나타난다. 사람들은 자신이 관심 있는 것에 집중하고, 보고 듣고 싶은 것에 주목하며, 자신의 생각대로 해석한다. 제각기 서로 다른 환경에서 나고 자랐기 때문에 같은 사람이나 정보를 놓고도 그에 따른 해석이 각기 다를 수밖에 없다.

그러니 상대방이 당신의 의견이나 생각에 동의할 수도 있지만 반대할 수도 있다. 평소 생활 속에서 상대방이 지각하는 패턴을 이해하면 사회 이슈에 대해 나와 의견이 다르더라도 더 잘 이해할 수 있고 더 쉽게 어울릴 수 있다. 그것이 호감을 사는 비법이다.

2
이력서에
혈액형을 쓰는 이유

스스로 자신의 성격을 이해하는 것도 여러 가지 면에서 도움이 된다. 자신의 마음이 어떻게 움직이는지 그리고 어떻게 생각하고 느끼는지 잘 이해할수록 스스로 마음을 잘 다스릴 수 있고 주위의 변화에도 효과적으로 대응할 수 있다.

직장에서 수행하는 역할이나 일도 성격의 영향을 받는다. 많은 사람에게 동기를 부여해 협력을 유도하고 목표를 향해 이끌어 가는 역할에는 뛰어나면서 세세한 일 처리에는 관심이 없는 사람이 있는가 하면, 자신이 맡은 일은 꼼꼼하게 잘하지만 다른 사람과의 협동 작업에는 소극적인 사람도 있다. 밖에서 많은 사람을 만나고 네트워크를 동원해 일하는 데 능한 사람이 있는가 하면, 내부에서 계획 수립이나 전략을 다루는 데 능한 사람도 있다. 성격의 유형에 따라 능력을 발휘하는 분야도 다른 것이다.

그런데 혈액형은 성격과 관련이 있을까? 혈액형에 관한 관심은 성격을 이해하기 위한 시도와 밀접하게 관련되어 있다. 한 속설에 따르면 A형은 소심하고 예민하며 완벽주의자이고, B형은 개성이 강하고 변덕이 심하며, O형은 자기주장이 강하고 낙천적이며 대범하다고 한다. 또 AB형은 까다롭고 분석적이며 냉정하다는 특징이 있다.

ABO식 혈액형은 1901년 독일의 란트슈타이너에 의해 발견됐다. 그 후 일본에서 키마타 하라라는 의사가 혈액형과 성격을 연결하려는 조사의 목적으로 일본 병사들의 혈액형을 기록하기 시작했고, 그 정보가 그들의 강점과 약점을 파악하는 데 유용할 것이라고 믿었다. 그리고 철학 전공자인 후루카와가 1927년 친척, 동료, 학생 등 319명을 조사해 "혈액형에 따른 기질 연구"라는 논문을 발표했다.

이 이론에 따라 1930년대 처음으로 이력서에 혈액형 칸이 생겼다. 회사 측에서 고용 예정인 사람이 어느 정도 회사에 적응할 수 있는지를 미리 파악할 수 있다는 믿음에서였다. 이 설은 그다지 지지를 얻지 못하고 사라졌다. 그런데 전후 이 설의 영향을 받은 작가 노오미가 자신이 만난 사람들을 관찰한 결과에 따라 ABO식 혈액형과 성격의 연관성에 대해 저술한 『혈액형 인간학』이라는 책이 인기를 얻으면서 유행을 일으켰다.

혈액형에 따라 성격이 다르다고 믿는 사람들은 왜 그럴까? 그들이 보기에는 관련성이 있기 때문일 것이다. 그러나 이것은 이론적으로 설명하자면 사람들의 확증편향 Confirmation Bias 때문이다. 즉, 자기 주변의 누군가가 A형인데 우연히 그 사람이 소심하고 예민하다면 그 관련성을 믿게 되고, 그 사람이 반대로 대범하고 낙천적이면 이 사례를 무시하는 것이다.

내가 아는 한 40대 여성은 매년 초 한 해의 운세를 풀이해 주는 토정비결을 보러 간다. 그런데 재미있는 것은 '올해는 대운이 들어오고 가족 중에 아픈 사람이 없다'는 본인 마음에 드는 토정비결이 나올 때까지 이곳저곳을 순례한다는 점이다.

혈액형 외에도 성격을 설명하는 이론은 다양하다. 프로이트의 정신분석 이론에 따른 설명을 보자. 우리는 유아기에서 시작해 구강기, 항문기, 생식기의 세 발달 단계를 거친다. 각 단계에서 우리는 자신도 모르는 사이에 갈등을 겪으며, 이 갈등이 제대로 해소되지 않는 경우 성인이 된 후 우리 행동에 영향을 준다. 구강기 단계의 아이가 모든 것을 입으로 가져가는 것을 볼 수 있듯이, 이때는 주로 입을 통해 만족을 얻는다. 이 단계에서 발생하는 갈등이 해소되지 않으면 성인이 된 후 흡연과 과식 등의 행태로 나타난다.

항문기에는 배변 훈련이 가장 큰 과제다. 부모가 배변 훈련에 아주 엄격해서 그 때문에 갈등이 발생하면 성인이 된 후 과도한 절제와 통제, 청결, 엄격성 등의 성격 특성을 보인다.

생식기에는 자신의 성기에 눈을 뜨고 이성 부모에 대한 욕망과 그로 말미암은 오이디푸스 콤플렉스를 보인다. 이 단계의 갈등은 후에 남성이라면 지나친 야심을 갖게 하고, 여성은 남성을 지배하기 위해

지나치게 유혹적이거나 굴종적인 태도를 보이게 만들 수 있다고 한다.

프로이트의 제자인 칼 융은 주로 개인의 특성에 따라 성격을 설명한다. 가장 중요한 특성이 내향성과 외향성으로, 여기에 따라 사람들의 성격을 다양하게 나눌 수 있다고 한다. 우리는 대개 자신이 어느 정도 내향적인지 또는 외향적인지 알고 있다.

이런 이론과는 다르게 사회심리학적 요소를 강조하는 이론도 있다. 현상학적 접근은 우리가 인생에서 경험하는 크고 작은 사건들을 자신이 어떻게 해석하는가에 따라 성격이 영향을 받는다고 한다. 특히 통제 주체가 핵심 역할을 한다. 내부적 통제 주체형의 사람은 자신의 성공이나 실패의 책임을 자신에게서 찾지만 외부적 통제 주체형의 사람은 모든 것의 원인을 외부에서 찾는다. 다음 쪽의 그림에서 보듯이 내 운명은 내가 개척하는 것인가, 아니면 주어진 대로 사는 것인가 하는 관점의 차이이다.

성격을 설명하는 다양한 이론 중에 어떤 것을 믿어야 할까? 이론마다 수긍되는 측면이 있다. 결론을 내리자면 타고난 기질인 내향성과 외향성에서의 위치 차이, 유아기의 특징적인 경험, 내부적 통제 주체형과 외부적 통제 주체형에서의 위치 차이를 본다면 한 사람의 성격을 어느 정도 이해할 수 있다.

이제 회사에서 일하는 김 대리를 생각해 보자. 직속 팀장의 성격을 잘 파악하고 행동하는지 아닌지에 따라 원만한 관계 속에서 유능한 사람으로 인정받을 수도 있고 그렇지 못할 수도 있다. 팀장은 행동 지

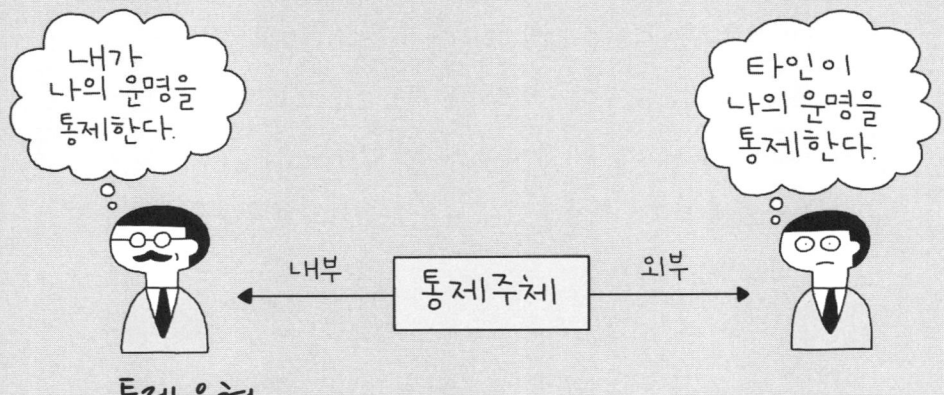

통제 유형

사람들의 성격은 매우 다양하다. 당신에게 어울리는 성격 유형이 특별히 있는 것이 아니다. 상대방의 성격을 더 많이 이해하면 그 사람의 행동을 더 잘 이해할 수 있고 그 사람과 더 잘 어울릴 수 있다.

향적이고 성격이 급하다. 그래서 팀장은 팀에 과제가 떨어지면 해야 할 일들을 신속하게 결정하고 행동에 옮긴다. 이때 김 대리는 어떻게 행동해야 하는가. 신속하게 검토하고 처리하는 것이 중요하다. 팀장에게는 완벽한 결과보다 신속한 결과가 중요하다. 만약 김 대리가 돌다리도 두드려 보고 건너는 스타일로 발생 가능한 여러 가지 경우를 검토하면서 많은 시간을 보낸다면 결코 좋은 평가를 받지 못할 것이다. 반대로 팀장이 매우 꼼꼼하고 모든 가능성을 검토한 다음 움직이는 스타일이라고 하자. 김 대리가 결과를 빨리 내기 위해 서두르면 팀장으로부터 핀잔을 받고 재검토해야 할 가능성이 높을 뿐만 아니라 결국 좋은 평가를 받지 못할 것이다.

김 대리가 속한 팀이 나름대로 열심히 일했음에도 성과가 좋지 못했다고 하자. 경쟁사들이 더 우수한 성과를 내놓았다면 좋지 않은 성과에 대해서 원인을 분석하고 우수한 성과를 내기 위해 계획을 짜야 할 것이다. 이때 팀장이 내부적 통제 주체형의 사람이라고 하자. 김 대리가 원인 분석의 책임을 졌다면 실패 원인을 주로 내부에서 찾는 것이 좋을 것이다. 물론 내외부의 문제점을 다 점검해야 하지만 자체적으로 보완할 수 있는 내부의 문제점을 찾는 데 방점을 두어야 한다는 뜻이다. 우리 팀의 계획에 잘못된 점이 있었는지, 실행 과정에서 문제가 있었는지, 품질의 문제였는지 등 자체의 문제점을 찾고 해결 방안을 제시해야 한다. 만약 김 대리가 실패 원인을 주로 외부 환경 요인의 변화에서 찾는다면 팀장의 마음에 들지 않을 뿐만 아니라 책임을 회피한다는 비판을 받을 가능성이 크다.

반대로 팀장이 외부적 통제 주체형의 사람이라고 하자. 김 대리는 원인 분석을 한 결과로서 외부 환경 변화를 짚어 내고 거기에 방점을 두지 않으면 팀장의 동의를 얻기가 어려울 것이다. 따라서 내가 이렇게 소상하게 원인을 분석하고 개선 방안을 제시했는데 왜 팀장은 번번이 나와 의견이 다른지, 원인 분석을 하라고 해서 했는데 왜 엉뚱한 소리를 하는지 속상해하며 동료와 상사 험담을 늘어놓느라 술값을 낭비할 일이 아니라, 우리 상사가 어떤 성격 유형의 소유자인지를 파악하고 그 성격 유형에 따른 맞춤형 업무 태도가 필요하다.

사람들의 성격은 매우 다양하다. 그러니 성격을 설명하는 이론 또한 다양할 수밖에 없다. 특별히 잘 어울리는 성격 유형이 있거나 상극인 성격 유형이 있다고 보기는 어렵다. 세상에는 다양한 성격의 사람들이 있으니 상대방의 성격을 이해하면 그 사람의 행동을 더 잘 예측할 수 있다고 보는 것이 타당할 것이다.

3

상대방의 생각을 바꾼다는
생각부터 바꿔라

사람들은 여간해서 자신의 생각을 잘 바꾸지 않는다. 자신이 가지고 있는 기존의 생각과 태도를 가능한 한 유지하려고 한다. 그러면서 자신의 생각과 일치하는 정보나 증거는 아무런 조사 없이 쉽게 수용한다. 반면에 자신의 생각에 반하는 정보나 증거는 잘 수용하지 않고 그 정보의 근거나 원천을 의심하는 경향이 있다. 이런 성향을 불인정 편향Disconfirmation Bias이라고 한다. 자신의 생각이나 태도에 일치하지 않는 정보를 무시하는 성향이다.

사람들이 각자 나름의 의견을 가지고 있는 주제가 아이 교육 문제다. 아이 교육 문제로 부부간에 싸움이 나는 경우를 어렵지 않게 보지 않는가. 싸움의 불씨가 될 만한 소재를 보자. 아이 교육을 위해 서울로 이사해야 하는지, 한다면 강남으로 가야 하는지 고민한다. 또 조기 유학을 보내야 하는지, 과외를 시켜야 하는지 고민한다. 짐작할 수 있듯이 대개 아내는 찬성이고 남편은 반대다.

시골에서 태어나 과외 한 번 안 받고 대학에 들어간 남편은 유명한 CEO 중에 시골 출신이 더 많다는 등의 주장을 한다. 그러나 아내는 지금은 세상이 바뀌었고 더는 개천에서 용이 나지 않는다고 말한다. 또 요새 학원 공부 안 하고 공부 잘하는 아이는 없다는 등의 주장을 편다. 토론하다 보면 상대방의 입장을 더 정확하게 이해할 수는 있지만, 상대방의 생각을 자기 쪽으로 바꾸기는 어렵다.

그렇다면 사업하는 사람이나 큰 회사의 임원들은 매우 합리적인 의사 결정을 하지 않을까? 그만한 일을 하는 사람이니까 최선의 선택을 할 것으로 보인다. 그러나 그들도 자신의 생각을 잘 바꾸지 않기는 마찬가지다.

한 회사가 현재 하는 오프라인 영업 방식에 온라인 채널을 추가할 것인지 고려 중이다. 이 회사의 CEO는 속으로 온라인 채널 추가를 반대한다. 왜냐면 매출 증가 효과는 적은데 반해 오프라인 대리점의 반발은 클 것으로 예상하기 때문이다. 그래도 전체 구성원이 받아들일 수 있는 합리적인 의사 결정을 하기 위해서 조사팀을 구성해 조사 보고서를 작성하도록 했다. 조사팀의 보고서에 CEO는 어떻게 반응할까?

다행히도 조사팀의 추천 의견이 자신의 의견과 일치하면 그 결과를 쉽게 수용한다. 하지만 추천 의견이 자신의 의견과 다르게 나오면 그 결과를 쉽게 수용하지 않는다. 조사의 과정과 방법에 문제가 없었는지 꼼꼼하게 따질 것이고, 거기에 조금이라도 이의가 있으면 그대로 결정을 수용하지 않는다. 이 경우 CEO가 수용하도록 하는 것은 조사를 잘하는 것 이상으로 어려울 수 있다.

지도자 곁에 '예스맨'만 있다는 비판을 종종 접하게 된다. 여러 조직의 수장들을 보면 수긍이 간다. 대통령이 또는 기업의 회장이 균형 잡힌 결정을 할 수 있도록 '쓴소리'를 하는 사람들을 기용해야 한다는 것은 규범적 측면에서 보면 당연히 맞는 말이다. 다만 인간의 본성이 그러기가 쉽지 않다는 것이다. 자신의 생각과 다른 견해를 받아들이지 않는 성향이 누구에게나 있기 때문이다.

남다른 열정으로 노력해 높은 자리에 오른 사람일수록 자신의 생각만 옳다고 확신하는 경향이 강하다. 이런 성향을 넘어서 쓴소리를 잘 듣는 사람은 매우 훌륭한 지도자다. 미국의 오바마 대통령은 대선 후보 경선에서 치열한 맞수였던 힐러리 클린턴을 국무장관으로 기용해 오늘날까지 잘 조화를 이루고 있다. 이 점에서 나는 오바마 대통령을 존경한다.

사람들은 흔히 주변 사람들을 보며 "왜 저 사람은 그렇게 고집이 셀까?"라고 말한다. 사실은 당신도 마찬가지다.

"아니, 난 아내나 애들의 요구를 잘 들어준다"거나 "아니, 난 늘 팀원들의 의견을 따른다"고 생각하겠지만 누구나 고집을 부리는 분야가 있다. 그 문제에서만은 남의 생각을 잘 받아들이지 않는다. 그러니까 되도록 상대방의 생각을 바꾸려고 하지 말아야 한다. 상대방의 생각을 바꾸려고 할수록 상대방은 당신을 싫어하게 되고 당신은 호감을 살 기회를 놓치게 된다. 그러나 반드시 논쟁해서 바꾸어야 한다면 작은 것에서 출발하고 객관적인 증거를 통해 설득하라. 그리고 서로가 생각이 다르다는 것을 인정하고 양보할 수 있는 합리적인 안을 제시해서 받아들이도록 하라. 그래야 싸움이 발생할 소지를 줄일 수 있다.

여러 차례 정성을 다해 설득한다는 의미로 '삼고초려三顧草廬'라는 말이 있다. 후한 말 위, 오, 촉이 삼국을 이루던 때 촉한의 유비가 융중에 기거하던 제갈량을 얻기 위해 몸소 제갈량의 초가집으로 세 번이나 찾아갔던 일화를 일컫는다. 제갈량의 표현으로 보면 "왕께서 신을 비천하다 여기지 않고 스스로 몸을 낮추시어 세 번이나 신의 집으로 찾아오시어 세상사에 관해 물으시니 이로 말미암아 신이 감격해 마침내 왕을 위해 몸을 아끼지 않으리라 결심하고 응했다"고 한다.

삼국 중 촉은 세력이 가장 약한 나라였다. 촉의 왕인 유비가 세 번이나 직접 찾아가는 지극 정성을 보임으로써 당대 최고 책략가인 제갈량을 설득해 자신의 사람으로 만든 것이다. 협상 전문가들도 설득하기 어려운 상대를 설득하는 비결로 비슷한 방법을 제시한다.

협상 전략가인 스티브 코헨은 "아이들이 협상을 정말 잘하니 기업 리더들도 아이들의 협상 비결을 배워야 한다"고 말한다.[12] 아이들은 작고 힘이 없지만 그들이 원하는 것을 기어코 얻어낸다. 그 비결 중 하나는 아이들이 '아니오'라는 말의 의미를 잘 이해하고 있다는 것이다. 그들은 부모의 거절을 '영원히 아니오'가 아닌 '지금은 아니오'로 파악하고 묻고 또 묻는다.

　협상 전문가 리 톰슨은 탁월한 협상력은 타고나는 것이 아니라 노력과 시행착오를 통해서만 배울 수 있다고 한다.[13] 그는 자신이 만난 최고의 협상가들은 모두 타고난 것이 아니라 스스로 노력을 통해 대가의 반열에 올랐으며 협상력의 핵심은 부단한 연습과 철저한 준비에 있다고 강조한다. 고금을 막론하고 상대방을 설득하기 위해서는 여러 차례 성의 있게 설득해야 하고 자료 조사와 전략 모색 등에 부단히 노력해야 한다는 점을 알 수 있다.

　취미가 다른 두 사람이 만나 결혼한 선배 부부가 있다. 결혼 전 두 사람은 다 모범생이었고 결혼 후에도 반듯하게 살고 있지만 취미는 다르다. 남편은 낚시광이라고 할 정도로 낚시를 좋아한다. 낚시 동호회에 가입해 주말마다 전국을 누비고 다녔다. 아내는 등산을 좋아해서 결혼한 뒤에도 줄곧 등산하러 다녔다. 그러다 아내는 출산과 육아 때문에 등산을 못하게 되었고, 남편은 계속해서 낚시를 하러 다녔다. 결국 아내는 어느 순간부터 낚시의 'ㄴ'자도 듣기 싫을 정도로 낚시가 싫어졌다. 그렇게 남편의 낚시로 20년 이상을 줄곧 싸우다가 아들을 장가보낸 뒤에야 변화가 찾아왔다. 낚시터에서 1박을 하지 않는다는 전제로 아내는 남편의 낚시를 따라나섰다. 몇 번 같이 다니다 보니 낚시터에서 제법 많은 대화를 나누게 됐다. 어느 날은 낚시터 인근 야산에 같이 오르기도 하면서 앞으로는 높은 산이 아닌 낮은 산으로 등산도 같이 다니기로 했다고 한다. 두 사람이 조금씩 고집을

상대방의 생각을 바꿀 수 있다는 망상을 버려라

사람은 누구나 고집쟁이라서 상대방의 생각을 바꾸기는 매우 어렵다.
만약 상대방의 생각을 바꾸어야 한다면
작은 것에서 출발하고, 객관적 증거를 제시하며,
여러 차례로 나누어 설득하는 것이 좋다.

양보한 결과 함께 취미를 즐기게 된 것이다.

상대방과 잘 지내고 싶고 또 스스로 좋은 사람으로 보이고 싶다면, 상대방이 양보하고 싶어 하지 않는 문제에 대해 나와 의견이 다르더라도 배려심을 발휘해 넘어가도록 하자.

4
지나치게 들이대면 청개구리가 된다

사람이 청개구리처럼 행동하는 것은 애나 어른이나 다르지 않다. 『빨간머리 앤』에 나오는 한 장면이다. 늘 티격태격 싸우는 노부부가 있었다. 하루는 부인이 마을 교회의 목사에게 와서 물었다.

"우리 영감이 죽어서 천국과 지옥 중 어디를 가겠습니까?"

목사가 왜 궁금하냐고 묻자 부인은 다음과 같이 대답했다.

"영감이 지옥 가면 저는 천국 가고, 영감이 천국 가면 저는 지옥에 가려고요."

상대방으로부터 원하는 행동을 끌어내기 위해서는 잔소리가 아니라 분위기를 조성해야 한다. 점화 효과 Priming Effect라고 부르는 원리를 이용하면 좋다. 사람의 기억 속에는 수많은 개념과 정보가 존재하는데, 이때 무질서하게 존재하는 것이 아니라 하나의 네트워크로 연결되어 있다. 이렇게 연결이 되어 있는 네트워크의 한 정보가 자극을 받아 활동을 시작하면 관련 정보가 함께 떠오른다. 그러니까 먼저 제시되는 자극에 따라 뒤에 제시되는 자극의 처리가 영향을 받을 수 있다.

TV에 애완견을 키우는 사람들에 대한 부정적인 보도가 나왔다. 길거리에서 산책을 하면서 배설물을 깔끔하게 처리하지 않는다는 보도였다. 곧이어 당신은 산책에 나섰고, 애완견을 데리고 있는 사람과 마주친다. 당신은 저 사람도 배설물을 제대로 처리하지 않으리라고 의심을 하고 차가운 눈길을 보내게 된다.

반대로 애완견을 키우는 것은 아이들의 정서 발달에 매우 긍정적 작용을 한다는 뉴스에 접하였다. 이 경우 당신은 산책길에 마주친 애완견과 주인에게 따뜻한 눈길을 주게 된다. 사람들이 어떤 생각으로 점화되면 그에 연결된 생각들을 떠올리게 된다. 그리고 후에 접하는 동일한 자극에 대한 생각이나 행동이 영향을 받는 것이다. 이렇게 점화 효과는 얼핏 보기에 연관성이 없는 자극이지만, 그 자극으로 전해지는 생각이나 행동이 영향을 받는 것을 말한다.

예를 들어 A와 B 두 집단의 사람들에게 어떤 사람의 의미 없는 애매한 행동을 보여 주고 그 행동을 해석하도록 한다. 이때 A 집단은 먼저 부정적인 단어들을 몇 초 동안 보게 한 다음 행동을 해석하게 하고, B 집단은 먼저 중립적인 단어들을 몇 초 동안 보게 한 다음 행동을 해석하도록 한다. 그 결과 A 집단 사람들이 그 행동을 보다 부정적으로 해석하는 것으로 나타났다. 그러니까 A 집단 사람들은 부정적인 생각으로 점화된 다음에 주어진 행동을 해석하기 때문에 보다 부정적으로 그 행동을 해석하는 것이다.

여기서 중요한 것은 우리가 의식하지 못하는 상태에서 점화 효과가 발생할 수 있다는 점이다. 다음 실험을 보자.[14] A 집단의 사람들에게 노인과 연관되는 단어들(예: 기억력 감퇴, 주름살, 골다공증)을 아무런 설명이 없이 잠시 보게 하고, B 집단은 중립적인 단어들(예: 뇌, DNA, 세포)을 보게 했다. 이런 간단한 과제가 끝난 다음 보니 A 집단의 사람들이 노인처럼 더 천천히 걷는 것으로 나타났다.

점화 효과에서 또 하나의 중요한 점은 점화된 자극과 별로 관계가 없는 반응을 끌어낼 수 있다는 것이다. TV를 보고 있는데 라면 광고가 나온다면 이는 먹고 싶다는 반응을 점화해 라면이 아닌 감자칩을 먹는 행동으로 연결될 수 있다. 라면 광고가 반드시 라면을 찾게 하는 것은 아니다.

이 점화 효과를 어떻게 활용해야 할까? 생일 선물로 반지를 받고 싶은데 매일 같이 반지 타령을 하면 상대방은 반지를 선물하고 싶은 마음이 사라진다. 청개구리 반응이다. 반지를 선물해서 주인공이 감동하는 장면이 등장하는 영화가 있다면 그 영화를 함께 보되 반지 이야기는 전혀 하지 않는다. 아니면 주말에 쇼핑할 때 자연스레 보석 코너를 지나도록 동선을 짜자. 이때도 "저 반지 예쁘다." 정도의 감탄사 한 마디로 끝나는 것이 좋다. 영화나 보석 코너가 하나의 점화 단어 역할을 해 반지를 사달라고 말하지 않고도 상대방으로부터 반지

분위기를 만들어라

사람은 누구나 청개구리 성향을 가지고 있다.
상대방으로부터 원하는 행동을 끌어내기 위해서는
직접 요구가 아니라 간접 자극을 활용해
분위기를 조성해야 한다.

를 사주고 싶은 마음이 들게 하는 것이다.

가정의 일상사에서 관찰할 수 있는 점화 효과를 회사 생활에도 적용할 수 있을까? 당신의 부서 팀장이 팀원들의 연간 근무 성적을 평가한다고 하자. 좋은 성적을 받기 위해서는 그동안 어떻게 해왔는지가 가장 중요하겠지만 현재 팀장의 마음 상태도 중요하다.

팀원들은 팀장이 긍정적인 마음을 갖도록 긍정적 점화 자극을 제공해야 한다. 바로 평가와 관련한 자극을 제공하면 자칫 팀장의 청개구리 마음을 자극할 수 있다. 직접적인 연관성이 없어 보이면서도 긍정적인 마음을 갖도록 할 수 있는 자극이 필요하다. 이를테면 팀원에게 유리할 수 있는 인터넷 정보, 잡지 기사, 조크 등을 적절한 때에 제공함으로써 팀장이 팀원에게 좋은 인상을 느끼도록 하는 것이다.

아이, 어른 할 것 없이 사람들은 누구나 청개구리 성향을 가지고 있다. 상대방으로부터 원하는 행동을 끌어내거나 선물을 받고 싶다면 분위기를 조성하라. 상대방에게 점화 효과를 불러올 수 있는 간접 자극을 이용해 원하는 행동을 유도하는 것이 효과적이다. 상대방의 청개구리 본성을 피하고 점화 효과를 잘 이용할 수 있다면 상대방으로부터 호감을 사는 일이 그렇게 어렵지는 않을 것이다.

5
긍정적 리액션이 호감도를 키운다

친구를 사귈 때 상대방이 얼마나 신뢰할 수 있는 사람인가 하는 것은 중요한 기준이다. 상대방이 나와 얼마나 비슷한 사람인가 하는 것은 신뢰도 평가에 영향을 끼친다. 나와 비슷한 사람일수록 더 신뢰하고 그 결과 더 좋아하게 된다고 한다. 사회적 영향 이론Social Influence Theory에 따르면 인간은 자신과 유사하다고 생각하는 사람을 더 좋아하는 경향이 있다. '유유상종'이란 말이 괜히 나온 것이 아니다.

따라서 좋아하는 사람에게 접근할 때는 당신이 얼마나 그 사람과 비슷한 취향을 가졌는지를 강조할 필요가 있다. 그 사람이 당신을 자신과 비슷한 부류의 사람이라고 느끼게 하기 위해서다. 이때 상대방이 좋아하는 것을 나도 좋아한다고 말하는 것이 좋을까, 아니면 상대방이 싫어하는 것을 나도 싫어한다고 말하는 것이 좋을까? 관련 연구에 따르면 상대방이 싫어하는 것을 나도 싫어한다고 하는 것보다, 상대방이 좋아하는 것을 나도 좋아한다고 강조하는 것이 더 좋다고 한다.[15] 사람들은 자신이 싫어하는 것을 함께 싫어해 주는 사람보다는 좋아하는 것을 함께 좋아해 주는 사람에게 더 신뢰를 느끼기 때문이다.

왜 그럴까? 대다수의 사람들은 자신이 좋아하는 대상의 모든 부분을 좋아하기 때문에 싫어하는 부분을 찾기 어렵다고 한다. 그러면 싫어하는 것은 어떨까? 어떤 대상이 가진 모든 부분을 싫어하는 사람이 있는가 하면, 일부분은 좋으나 다른 몇몇 부분이 좋지 않아 싫어하는 경우도 있다. 따라서 싫어하는 것에 대해 공감하기란 좋아하는 것에 공감하기보다 쉽지 않다.

이제 영화를 고르거나 평가하는 상황을 한 번 생각해 보자. 그 사람이 싫어하는 영화를 당신도 싫어한다고 말하는 것보다는 그 사람이 좋아하는 영화를 당신도 좋아한다고 말하는 것이 더 유리하다. 이 경우 상대방은 당신에게 호감을 느끼게 된다.

반면에 좋아하는 것을 공유하는 것은 이유가 일치하지 않을 가능성이 낮다. 그 대상을 좋아하는 이유가 비교적 명확하기 때문이다. 사람들은 일반적으로 좋아하는 대상의 모든 부분에 호의를 보이는 경향이 있다. 그래서 사람들은 좋아하는 것을 공유하는 사람에게 더 친밀감을 느끼고 서로 더 비슷한 부분이 많다고 느낀다.

문제는 사람들은 자신이 좋아하는 것을 다른 사람들도 좋아할 것이라고 과신하는 데 있다. 자신이 좋아하는 것을 다른 사람들도 좋아할 것으로 생각하는 경향은 실험을 통해서도 입증된 바다.[16] 실험 참여자들에게 자신이 좋아하는 영화를 물었다. 그 후 자신의 동료도 그 영화를 좋아할지 추정하도록 요청했다. 평균 51.2퍼센트의 동료가 자신처럼 그 영화를 좋아할 것이고 18.2퍼센트의 동료만 그 영화를 싫어할 것이라고 짐작했다. 사람들이 자신의 취향과 비슷할 것이라고 믿는다는 실험 결과를 확인할 수 있다.

반대로 실험 참여자들에게 자신이 싫어하는 영화를 묻고 마찬가지로 동료의 일치 여부를 물었다. 그 결과 자신의 취향과 일치할 것으로 본 숫자와 일치하지 않으리라고 본 숫자가 비슷하게 나타났다. 이 경우 사람들은 자기중심적으로 생각하는 경향이 덜하다.

당신이 좋아하는 것을 상대방도 좋아한다고 가정하지 마라. 다행히 당신이 좋아하는 것을 상대방도 좋아한다면 그것이 영화든 소설이든 음식이든 장소든 적극적 공유의 대상으로 삼아라. 그것에 대해 대화를 나눔으로써 상대방은 당신에게 호감을 느끼고 당신을 좋아하게 된다. 하지만 당신이 좋아하는 것을 상대방이 싫어한다면 여기에 대한 논의는 될 수 있는 대로 피하라. 당신이 귀신 잡는 특수부대에서 일당백의 특공무술을 연마했고 축구 시합에서 경기마다 골을 넣었으며 내기 시합에서는 언제나 당신 공으로 이겼다고 하더라도 중요한 것은 그 이야기를 상대방이 좋아할지 아닐지를 생각해야 한다는 점이다.

프로 야구팀의 팬클럽 회원들은 좋아하는 것을 공유하는 대표 사례다. 열성 회원들은 그 팀의 거의 모든 게임을 보러 가고 게임 내내 함성을 지르며 경기장 분위기를 열광의 도가니로 만든다. 각 팀이 1년에 130여 경기를 하면서 이기기도 하고 지기도 하니 그리 흥분할 일이 아닐 것도 같은데 말이다.

할리 데이비드슨은 미국을 대표하는 모터사이클 브랜드이자 세계에서 가장 열광적인 애호가들을 거느린 브랜드라고 할 수 있다. 이 브랜드는 20세기 초반의 대공황을 겪으면서도 살아남았고, 보다 효율적이고 정교한 제품을 무기로 한 일본 경쟁사들의 공세에도 살아남아 보다 강력한 브랜드가 됐다. 자신만의 독특한 디자인을 강화함으로써 오히려 더욱 사랑받는 브랜드로 거듭난 것이다.

'HOG'는 할리 데이비드슨 모터사이클 동호회로서 회원들은 소식지를 받아보고 온라인과 오프라인 이벤트에 참여하며 오프라인 모임을 하기도 한다. 모터사이클에 대해서 그렇게도 할 이야기가 많을까 싶다. 하지만 그들은 할리 데이비슨이라는 공통된 관심사와 주제를 통해 그것에 대한 대화를 나눔으로써 서로에 대한 공감과 호감을 높인다.

할리 데이비슨은 과거에는 다소 불량기 있는 젊은이가 타는 물건이었지만 이제는 모든 세대의 중상류층이 타는 물건이 됐다. HOG는 현재 세계적으로 1,400여 개의 지부를 두고 있으며, 100만 명 이상의 회원을 거느리고 있다. 할리 데이비드슨이 로고를 특허 사용 계약해

맞장구를 쳐주어라

사람들은 자신과 취향이 비슷한 사람을 좋아한다.
주의할 점은 당신이 좋아하는 것을
상대방도 좋아한다고 가정하지 말라는 것이다.
상대방이 내가 좋아하는 영화를 좋아하는지,
내가 즐기는 아이스크림 맛을 좋아하는지
확인한 다음 공유의 대상으로 삼아야 한다.

매년 올리는 수입은 총수입의 5퍼센트인 4,100만 달러라고 하니 사람들의 열렬한 호응을 짐작할 만하다.

  사람들은 자신과 취향이 비슷한 사람을 좋아한다. 그 사람이 좋아하는 것을 당신도 좋아한다면 자신과 비슷한 사람이라고 판단해 당신을 더 신뢰하고 좋아한다.

4장
매력녀, 매력남이 되는 비결

상대방의 호감을 사기 위해서는 그를 배려하는 것은 물론 그가 당신과 함께할 때 더 즐겁고 행복하다고 느낄 수 있도록 해야 한다. 상대방에게 감동을 주는 데는 꼭 물질적인 것이 동원되어야 하는 것은 아니다. 상대방이 원하는 것이면 약간의 노력으로도 얼마든지 감동을 줄 수 있다. 당신이 나타날 때 상대방이 즐거운 기분과 행복한 느낌이 들도록 환경을 조성해 보자. 처음부터 상대방이 당신이 원하는 것을 정확하게 읽고 그에 맞춰 행동해 주기를 기대하는 것은 무리다. 때로는 그 사람의 행동을 기다리는 대신 당신이 원하는 방향으로 유도하는 융통성도 필요하다.

사람들은 당신의 가치를 항상 높게 평가하지 않는다. 때로 상대방의 생각이 흔들릴 수 있으므로 그 사람에게 당신의 가치를 지속적으로 인식시켜야 한다. 그리고 그 사람의 관심과 호감을 지속시키기 위해 변화가 필요할 때는 과거에 얽매이지 말고 변신해야 한다. 이때도 상대방이 그 변화를 인식할 수 있을 만큼 과감하게 변신해야 한다.

1
진짜 원하는 것으로 감동을 줘라

당신은 승용차를 고를 때 어떤 기준으로 결정하는가? TV를 살 때는? 소비자가 브랜드를 선택할 때는 중요한 요소들을 살펴본 뒤 평가한다. 승용차를 살 때는 크기, 연비, 성능, 디자인, 가격 등을 살펴볼 것이다. 중요한 구매일수록 평가의 요소도 많아지고 더 꼼꼼하게 따진다. 인간관계에서도 당연히 상대방에 대해 평가를 하게 된다. 사람들은 상대방의 외모뿐만 아니라 성품과 성격, 직업, 재능, 유머 감각, 행동거지 등을 살펴보는데 그 결과 호감이 생기기도 하고 비호감이 생기기도 한다.

일본의 소비재 회사들이 많이 활용하는 기법으로 카노 차트Kano Chart라는 것이 있다. 소비자가 살펴보는 제품 속성을 그 역할에 따라 세 가지 유형으로 나눈다. 다음 그림에서 보듯이 기본 속성, 기대 속성, 미기대 속성이 그것이다. 그림의 가로축은 각 제품 속성의 성능을

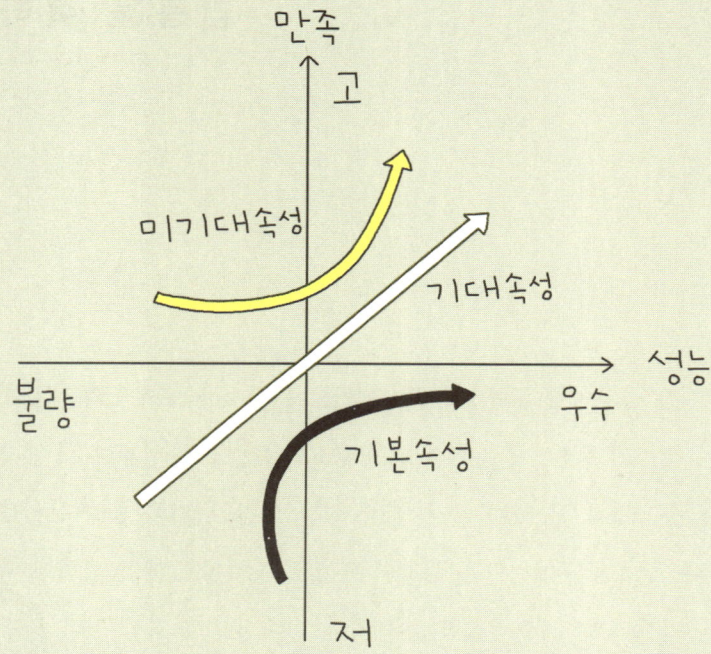

감동 요소

기대 속성은 성능이 우수할수록, 미기대 속성은 제공 자체로 고객 만족을 창출한다.
상대방에게 감동을 주기 위해 물질을 먼저 생각할 것이 아니라
마음의 눈으로 상대방이 원하는 것을 알아보자.

말하고 세로축은 고객의 만족을 나타낸다.

　기본 속성은 성능이 향상되면 고객의 불만족이 감소하지만 만족까지는 가지 못하는 것들이다. 시장에서 경쟁하는 모든 브랜드들은 이런 속성이 있어서 이것이 문제를 일으키면 시장에 살아남기가 어렵다. 기대 속성은 성능 향상에 비례해 고객 만족이 증가한다.

　미기대 속성은 고객이 기대하지 못한 속성으로, 이것이 제공되면 고객은 놀라게 된다. 미기대 속성의 성능은 크게 높지 않아도 되고, 그림에서 보듯이 이 속성이 제공된다는 것 자체만으로도 고객 만족을 급격하게 높인다.

　혁신적인 신상품은 이런 미기대 속성을 가지고 시장에 출현해 소비자들을 흥분시킨다. 《포브스》에서 '지난 30여 년 동안 세상을 바꾼 기술 30개'를 조사했다. 이 목록에 있는 혁신을 보면 1위가 인터넷, 2위가 PC와 노트북 컴퓨터, 3위가 휴대전화, 4위가 이메일, 5위가 DNA 테스트와 인간 게놈 지도, 6위가 MRI 순이다.

　미기대 속성은 소비자가 그런 속성을 원하지 않는 것이 아니라 현재 시점에서 그런 것이 제공되리라고 상상하지 못한다는 것이다. 그래서 제공되었을 때 소비자에게 높은 만족을 주는 것이다. 상상 이상의 기능이나 장점이라고 생각하면 될 것이다.

　인터넷은 우리가 국회도서관 같은 큰 도서관에서 수십 또는 수백 시간 동안 한 권 한 권 종이책을 뒤져야 찾을 수 있는 자료를 한자리에 앉아서 수 시간 내에 가능하게 해준다. 위 리스트 제품들 외에도 일회용 기저귀, 비듬 제거 샴푸, 충치 예방 치약, 비아그라 등 소비자들에게 번쩍이는 감동을 준 상품들은 미기대 속성을 강조한 상품들이다.

세 가지 속성을 가지고 볼 때 미기대 속성을 제시하는 제품은 시장에서 크게 성공할 수 있지만, 이런 제품은 소수에 불과하다. 기대 속성에서 우수한 성능을 발휘하는 제품들은 경쟁에서 선전할 것이며, 기본 속성은 모든 제품이 갖춰야 살아남을 수 있다고 볼 수 있다.

이런 세 가지 유형의 제품 속성을 인간관계에도 적용할 수 있을까? 인간관계에서는 무엇이 미기대 속성이며, 어떻게 해야 감동을 줄 수 있는지 생각해 보자. 아일랜드의 위대한 시인 예이츠는 「하늘의 옷감」이라는 시에서 연인에게 자신의 꿈을 바치는 노래를 했다.

금빛과 은빛으로 무늬를 놓은
하늘의 수놓은 옷감이라든가

밤과 낮과 어스름한 저녁때의
푸른 옷감 검은 옷감이 내게 있다면

그대의 발밑에 깔아 드리오리다만
내 가난해 가진 것 오직 꿈뿐이라

그대 발밑에 내 꿈을 깔았으니

사뿐히 밟으소서, 내 꿈을 밟고 가시는 이여.

지금 가진 것이 꿈뿐이니 자신의 꿈을 바친다는 절절한 마음(미기대 속성)을 고하는 연인에게 어찌 감동하지 않을 수 있겠는가. 당신은 어떤 데이트를 하는가? 이성에게 다른 커플들이 늘 하는 그런 식의 이벤트를 하는가, 아니면 다른 커플에게서는 결코 찾아볼 수 없는 다른 무언가를 해주는가?

상대방이 기대하는 것, 다른 커플들 사이에서 흔히 볼 수 있는 것으로는 결코 감동을 줄 수 없다. 감동을 주는 무언가를 찾기란 쉽지 않은 일이지만, 그나마 위로가 되는 것은 무언가를 찾는다는 행위 자체가 감동을 준다는 것이다. 그건 남성이나 여성 모두 마찬가지다.

30대 초반의 조카를 보면서 이 원리가 잘 적용된다고 생각한다. 조카는 대학을 졸업하고 몇 년째 직장생활을 하는 평범한 여성이다. 꽤 붙임성이 있다는 것을 제외하고는 초등학교 시절부터 현재에 이르기까지 늘 평범했다. 그런데 조카는 친구가 많다. 지난 생일에는 자신의 페이스북에 몇 개국을 포함해 약 150명의 친구가 축하 메시지를 보내왔다고 한다.

조카는 아버지 직업 관계로 어린 시절 미국에서 2~3년 살았고, 초등학교는 한국에서, 중고교는 뉴질랜드에서, 대학은 다시 한국에서 다녔다. 유럽 몇 개국에 거치는 배낭여행을 다녀온 적이 있는데 간

곳마다 친구를 사귄 결과다. 조카는 "내 인기는 식을 줄을 모른다"고 자랑한다.

곰곰 생각해 보니 맞는 말이다. 조카는 친구를 항상 자기 생활의 최상위에 둔다. 회사가 결산 중이라 바쁜데도 불구하고 공항으로 친구 마중을 나가는가 하면 숙식을 제공하는 것은 물론 한국에서의 일정을 처리하는 데도 적극적으로 돕는다. 친구가 보기에 회사 일로 몹시 바쁜 와중에도 이런 대접을 해주니 그 친구는 '기대하지 못한' 대접을 받았다고 생각하는 것이다.

가장 감동을 주는 선물을 말하자면 단연 오 헨리의 『크리스마스 선물』이다. 크리스마스 전날 남편에게 선물을 주고 싶었던 아내는 가진 돈이 1달러 87센트밖에 없었다. 아내는 고민 끝에 자신이 가진 가장 매력적인 긴 머리카락을 팔아 남편의 시계에 잘 어울리는 시곗줄을 샀다. 그리고 남편은 시계를 팔아 아내의 긴 머리카락에 잘 어울리는 머리핀을 샀다. 그러나 두 사람에게는 모두 무용지물인 선물이 되고 말았다. 하지만 서로 생각하는 그 애틋함에 사람들은 감동한다. 두 사람은 서로에게 미기대 속성 중의 미기대 속성을 선물했으니 이 선물은 두 사람에게 평생 잊지 못할 감동일 것이다.

당신은 상대방에게 무엇으로 감동을 주겠는가? 혁신적 제품들은 소비자가 상상하는 것 이상의 기능과 장점으로 감동을 준다. 우리도 오 헨리의 『크리스마스 선물』처럼 상대방의 마음을 움직이는 무언가를 찾는다면 얼마든지 감동을 선사할 수 있다.

카노 차트의 원리는 직장에서 구성원을 평가할 때도 적용된다. A라는 직원을 평가한다고 해보자. A가 수행하는 업무가 기본 속성에 해당할 때 일 처리를 잘하면 직장 상사는 불만이 없다. 그러나 못하면 회사에서 살아남는 것 자체가 곤란하다. A가 하는 일이 기대 속성에 해당하는 직무라면 A의 일 처리 성적에 비례해 부서 또는 회사의 만족도가 높아진다. 만약 A가 부서 또는 회사에서 기대하지 못했던 일을 해낸다면 회사는 크게 만족할 것이다. A는 고속 승진을 할 가능성이 높다.

우리는 대부분 직장에서 기본 속성과 기대 속성에 해당하는 업무를 수행하게 된다. 따라서 기본 속성에 해당하는 일은 충실하게, 기대 속성에 해당하는 일은 남보다 더 열심히 수행하면 직장에서 좋은 평가를 받을 수 있다. 금상첨화로 미기대 속성에 해당하는 일을 순발력 있게 수행할 수만 있다면 상사들은 감동할 것이다.

2
커피향이 상사의 마음을 움직인다

러시아의 생물학자인 파블로프는 개를 대상으로 실험해 고전적 조건화 이론Classical Conditioning Theory을 제시했다. 배고픈 개는 먹이를 보면 침을 흘린다. 파블로프는 개에게 먹이를 줄 때마다 종소리를 울렸다. 종소리를 울린 다음 먹이를 주는 과정을 여러 번 반복했다. 어느 순간 종소리를 울리면 먹이가 없는데도 개가 침을 흘리는 현상이 나타났다. 즉, 무조건 자극(먹이)을 조건 자극(종소리)과 여러 번 결부시키면 조건 자극에 대한 조건 반응이 무조건 반응과 일치한다는 것이다.

이 이론은 수많은 광고에 활용됐다. 다수의 광고에 유명 연예인이나 스포츠 스타가 등장하는 바탕에는 이 이론이 깔렸다. 사람들은 소녀시대를 보면 즐거워한다. 소녀시대나 동방신기 같은 아이돌 가수를 보고 유럽과 남미를 비롯해 전 세계 사람들이 감동하는 것을 보면 신기하기도 하고 즐겁기도 하다. 백화점에 소녀시대 광고가 없어도 TV 광고에서 보았던 소녀시대가 생각나 광고 제품을 구매하게 된다. 이 과정에는 소비자의 사고, 인지, 정보 처리 등이 전혀 개입되지 않는다. 오로지 광고를 볼 때 받은 자극이 발동한다. 사람들은 자신이 의식하지 못하는 사이에 광고주가 원하는 반응을 하게 되는 것이다.

그런데 광고 모델이 이 제품 저 제품 많은 제품에 출연하면 효과는 떨어진다. 특정 제품과의 연계 고리가 약화되어 광고 모델에 대한 호감이 그 제품으로 제대로 전이되지 않는다. 김연아 선수가 한두 제품의 모델일 때는 제품과의 연계가 확실하지만 열 개 이상 확대되면 소비자는 김연아 선수만 볼 뿐 제품은 기억하지 못한다. 우리가 어떤 사람의 호감을 사기 위해서는 그 사람 주위에 경쟁자가 없을 때 그 사람이 좋아하는 무언가를 주는 것이 효과적이다.

또 하나 알아 두어야 할 점이 있다. 광고할 제품이 소비자에게 익숙하지 않은 신상품일 때 특히 고전적 조건화 효과가 크다는 것이다. 모델에 대한 긍정적인 감정이 제품으로 전이되기 쉽기 때문이다. 이미 우리에게 익숙한 제품을 한창 주가 높은 모델그 연계시키기는 어렵다. 그러니까 당신이 이 조건화를 시도하고 싶다면 새로 만난 사람에게 또는 직장에 신입사원으로 들어갔을 때가 가장 적기라는 뜻이다.

어떻게 해야 마음에 꼭 드는 이성이 당신을 좋아할 수 있을까? 종영한 인기 드라마 〈해를 품은 달〉의 김수현처럼 카리스마, 남성미, 매력적인 말솜씨를 지닌 남성들도 있겠지만, 세상에는 그렇지 않은 사람들이 대부분이다. 그렇다면 당신은 드라마 속 완벽한 캐릭터가 아닌 현실의 평범한 사람으로서의 매력을 선보여야 할 것이다.

우선, 상대 여성이 무엇을 좋아하는지 파악해야 한다. 요즘 유행하는 브런치 가게나 맛집을 알아두는 것도 좋은 방법이다. 상대방의 마음을 움직이기 위해서는 자신의 취향이 중요한 것이 아니라 어디까지나 상대방의 취향이 우선되어야 한다는 사실을 잊어서는 안 된다.

꽃값이 비싸더라도 꽃을 좋아하는 여성이라면 만날 때마다 장미꽃 한 송이를 들고 가는 센스가 필요하다. 노래를 좋아하는 여성이라면 적어도 음악에 대한 대화는 어느 정도 나눌 수 있도록 노력해야 한다. 백화점에서 눈에 띄는 옷의 스타일이 무엇인지 물어보면 상대방이 좋아하는 스타일의 옷을 파악할 수 있다. 이는 여성도 마찬가지다.

미국에서 공부하던 시절 한국 유학생들 사이에서 매우 인기 있는 부부가 있었다. 이 부부의 집은 부인의 이름을 따서 '미란각'이라고 불리기도 했다. 이 집 아저씨는 술을 워낙 즐겨서 가끔 친구들을 초대했는데, 집에 있는 술이 모두 동나야 모임이 끝나곤 했다. 많은 사람은 특히 이 집에서 하는 모임을 가장 좋아했다. 이 집 부인의 요리 솜씨가 매우 빼어났고 게다가 요리를 즐겼기 때문이다.

유학생들이 맛보기 어려운 맛있는 안주와 함께 한잔하다 새벽 한두 시쯤이 되면 기가 막힌 우동을 한 그릇씩 먹게 되는데, 이 우동은 이제 모임을 끝내자는 신호인 셈이다. 이 부부를 생각할 때면 항상

달그랑 달그랑, 즐거운 종소리

당신과 함께할 때 상대방이 더욱 즐겁고 행복하게
느끼도록 만들어라. 장미꽃 한 송이든 커피 한 잔이든
얼굴 가득한 미소든 그 사람의 기분을 좋게 하는
그 무언가를 찾아내라. 그리고 그 사람을 만날 때마다
준비하라.

그 맛있는 우동이 생각나면서 이내 그들이 그리워진다. 사람들은 이 부부를 생각할 때마다 그 맛있는 우동과 부부의 따뜻한 정을 떠올리게 되고 이것이 곧 그들에 대한 호감으로 이어지는 것이다.

직장에서 상사의 호감을 살 수 있는 비법은 무엇일까? 가장 바람직한 방법은 당신이 의식적으로 어떤 노력을 하고 있다는 사실을 눈치채지 못하게 하는 것이다. 그러면서도 영향을 주는 방법은 무엇일까? 고전적 조건화 이론의 응용을 생각할 수 있다. 보고한다거나 프레젠테이션을 한다거나 회식에서 마주친다거나 등의 접촉을 할 때마다 상대방을 기분 좋게 해주는 작은 무언가를 찾아내는 것이다. 예를 들어 팀장이 원두커피를 좋아한다면 그 팀장과 만날 때마다 원두커피를 들고 가라.

당신이 함께할 때 상대방이 즐겁고 행복하게 느끼도록 하기 위해서는 약간의 투자가 필요하다. 광고에 매력적인 모델이 나와 소비자들을 기분 좋게 해주는 것처럼 말이다. 그것은 장미꽃 한 송이일 수도 있고 커피 한 잔일 수도 있으며 얼굴 가득한 미소나 가벼운 농담일 수도 있다.

3
천방지축 돌고래를
쇼에 출연시키는 기술

 돌고래 쇼를 본 적이 있는가? 사육사의 손짓에 따라 멋지게 점프 연기를 해내는 돌고래를 보면 어떻게 훈련을 시킬지 궁금할 것이다. 그 원리는 조작적 조건화 이론 Operant Conditioning Theory에 의해 설명된다.

 어떤 돌고래가 연습 도중 쇼에 선보일 높은 점프를 한 번 해냈다고 하자. 그러면 사육사는 돌고래에게 곧바로 맛있는 먹이를 주고 쓰다듬어 준다. 다음에 같은 높이의 점프를 또 하면 사육사는 잊지 않고 맛있는 먹이를 더 많이 주고 더 많이 쓰다듬어 준다. 이렇게 여러 번 되풀이되면 돌고래는 길든다. 아, 내가 이렇게 뛰면 맛있는 먹이를 얻게 되는구나. 그럼으로써 사람들이 감동하는 점프를 하게 된다.

 원리를 풀어보면 다음과 같다. 누군가가 어떤 행동(높은 점프)을 했는데 그 결과 맛있는 먹이를 받았다. 이는 적절한 행동에 대한 보상이다. 또 먹이를 받고 싶으면 이런 점프를 하면 되는구나 하고 깨닫게 하는 것이 행동의 강화Reinforcement다.

신상품 마케팅에도 이 원리가 활용된다. 한 화장품 회사가 새로운 주름 개선 화장품을 개발했다고 하자. 우선 중년 여성들을 타깃으로 해 이 화장품이 얼마나 효과적인지를 그녀들이 알게 해야 한다. 무료 샘플을 제공하거나 첫 시판을 하는 얼마 동안 절반 가격에 판매해 시험 구매를 유도한다. 고객이 시험 삼아 한 번 사서(행동) 써봤더니 품질이 좋았다면(보상), 그 후 긍정적인 행동의 가능성이 증가한다(강화). 즉, 무료 샘플을 써본 후 좋았다면 다음에는 돈을 내고 구매하게 되고, 절반 가격에 산 것이라면 다음에는 정상 가격에도 구매하게 될 것이다.

슈퍼마켓에 가면 새로 나온 음료수나 식품을 제공하는 무료 시식 코너가 많이 있다. 왜 무료로 맛을 보게 할까? 모두가 짐작하듯이 우리를 돌고래처럼 교육하는 것이다. 먹어보니 맛이 좋구나, 이렇게 깨닫고 다음에는 돈을 내고 사라는 훈련을 하는 셈이다.

행동주의 심리학자 스키너가 제시한 이 원리는, 누군가에게 원하는 행동을 시키려면 보상의 설계를 통해서 가능하다는 것이다. 결국 환경 설계를 통해서 원하는 행동을 유발하는 것이다. 그는 어떤 어린아이든 자기에게 맡기면 자신이 원하는 유형의 사람으로 키워낼 수 있다고 자신했다고 한다.

이 원리는 이성 친구 간에도 적용된다. 당신은 남자 친구가 어떻게 행동하기를 원하는가? 남자 친구가 당신의 생일을 기억해 당신이 좋아하는 장미꽃과 선물을 해주길 원할 것이다. 그리고 당신을 만난 100일, 200일, 1년 등의 기념일을 기억해 달콤한 말과 적절한 선물을 해주길 원할 것이다. 그러나 남자 친구가 이런 기념일을 기억해서 당신이 원하는 선물을 하기란 사실 매우 어려운 일이다.

무엇보다도 남자 친구는 각종 기념일이 왜 중요한지에 대한 개념조차 없다. 그러므로 위에서 예를 들어 언급한 것처럼 남자 친구를 돌고래라고 생각하고 원하는 방향으로 유도해야 한다. 그리고 그때마다 당근으로 적절한 보상을 해야 한다.

회사에서도 유사한 원리가 작용한다. 신입사원은 입사 직후 그 회사의 조직 문화라든지 분위기에 익숙하지 않아 예기치 않은 실수들을 하게 된다. 또 세대 차이가 나는 상사들이 이해하기 어려운 행동을 하기도 한다. 어떤 회사의 팀장이 신입사원에게 다음 날 저녁에 야근할 것을 지시하자, 안 된다고 거절을 하더란다. 거절의 이유로 선약이 있음을 밝히고 야근을 시키려면 적어도 1주일 전에는 통보를 해달라고 덧붙이더란다. 하지만 눈치 없던 그 신입사원도 시간이 지나면서 어떤 행동을 했을 때 팀장의 칭찬을 받고, 어떤 행동을 했을 때 핀잔을 받는지 깨달았을 것이다.

처음부터 이성의 마음을 잘 헤아려 상대방이 원하는 대로 척척 행동하는 사람은 없다. 이때 불평만 하며 상대방을 기다리는 것은 매우 소극적인 자세다. 그보다는 상대방을 돌고래로 생각하고 당신이 직접

돌고래를 쇼에 출연시키는 사육의 기술

처음부터 이성 친구의 마음을 잘 헤아려
상대방이 원하는 대로 척척 행동하는 사람은 거의 없다.
그 사람을 돌고래라고 생각하고
당신이 사육사의 역할을 맡아
그가 쇼에 출연할 수 있을 정도의
실력자로 키워라.

돌고래 사육사의 역할을 맡아라. 상대방이 나름의 매력은 있지만 초보 돌고래라고 생각하고 당신이 사육사가 되어 호흡을 맞추면 어느새 그는 쇼에 출연할 수 있는 실력자가 될 것이다.

4
당신의 장점에
도돌이표를 달아라

 인지 부조화 이론Cognitive Dissonance Theory에 따르면 사람들은 자신의 생각이나 신념을 행동과 일치시키고자 하는 성향이 있다고 한다. 만약 자신의 생각과 행동이 일치하지 않으면 심리적으로 불편을 느끼기 때문이다. 이런 심리적 불편을 제거하거나 줄이기 위해서는 생각을 바꾸거나 행동을 바꾸어야 한다.

 어떤 사람이 담배를 피우는데(행동) 이것이 건강에 매우 해롭다고 생각한다면(생각) 이 사람은 마음이 불편하다. 이 불편을 없애기 위해서는 담배를 끊거나, 담배가 해롭다는 생각을 바꾸어야 한다.

 페스팅거Festinger와 칼스미스Carlsmith는 1959년 심리학에서 가장 널리 알려진 실험 중의 하나인 '1달러 20달러 실험'을 통해 인지 부조화 이론을 제시했다. 그들은 피험자에게 매우 따분하고 지루한 과제를 주었다. 그리고는 이 피험자에게 다음 피험자를 만나서 '이 과제가 매우 흥미 있고 마음을 끄는 과제'라고 말하도록 한다. 그 대가로 A 그룹 피험자에게는 1달러(현 시세로 환산하면 7~8달러)를 주고 B 그룹 피험자에게는 20달러(현 시세로 150달러 정도)를 주었다.

그리고 실험이 끝난 뒤 피험자들에게 과제에 대해 평가하도록 요청했다. 그랬더니 1달러 그룹의 피험자들이 20달러 그룹의 피험자들보다 그 과제에 대해 더 긍정적으로 평가했다. 페스팅거와 칼스미스는 이 결과를 인지 부조화의 증거라고 해석했다. 1달러 그룹의 피험자는 "그 과제는 재미없었다(생각)."생각했지만 다른 이에게 "그 과제가 재미있다(행동)."고 말했다.

생각과 행동의 불일치는 마음을 불편하게 한다. A 그룹 피험자는 불편을 없애기 위해서 과제가 재미있다는 쪽으로 생각을 바꾸게 된다. 그리고 20달러를 받은 B 그룹은 재미없는 일에 참여한 보상을 받았기 때문에 심리적인 불편이 덜했다는 것이다.

다음의 그림은 이솝 우화에 나오는 여우와 포도 이야기다. 포도밭에 들어간 여우는 포도가 먹고 싶지만(생각) 키가 닿지 않아 먹을 수가 없다(행동). 이 상태가 지속되면 마음이 괴롭다. 행동을 바꿀 수는 없으니 결국 여우는 포도가 시기 때문에 먹기 싫다고 생각을 바꾸었다.

소비자도 이런 경험을 한다. 당신이 한동안 돈을 모아 스마트폰을 구매했다(행동). 그런데 이것이 잘한 선택인지 의문이 든다(생각). 친구 휴대전화보다 속도도 느리고 더 비싸다. 잘못 산 것은 아닌가 하는

생각 때문에 괴롭다. 당신의 이런 생각을 바꾸기 위해서는 다른 친구로부터 또는 인터넷의 상품평을 통해 아니면 업체의 광고를 통해 당신의 선택이 옳았다고 생각하게 해줄 정보가 필요하다.

제자 중 얼마 전에 결혼한 커플의 이야기다. 대학원을 졸업한 여학생은 첫 번째 직장에서 몇 년 일한 다음 직장을 옮겨 그 직장에서도 몇 년이 지났으니 제법 나이가 들었다. 홀로 지낸 세월을 보상받기라도 하듯이 제자는 남성을 만나 뜨겁게 사랑했고 결혼도 약속했다. 신랑이 신부에게 예물로 가방을 사주기로 해 두 사람은 서울 시내 백화점을 두 차례 순례했다. 신부가 신랑에게 물었다.

"오빠, 이 가방하고 저 가방 중에 어느 것이 더 예뻐?" 이때 대답을 잘해야 한다. 자칫 신부가 마음속에 점 찍어 놓은 것을 놓치고 다른 가방이 더 예쁘다고 했다가는 백화점을 한 바퀴 더 돌게 된다. 신랑은 정말로 어려운 순간에 직면한 것이다.

"오빠, 이거랑 지난주 A 백화점에서 본 가방 중에 어느 것이 더 예뻐?" 순간 신랑의 머릿속이 하얘졌다. 방금 보고 온 가방도 기억이 가물가물한데 하물며 지난주 본 가방이 생각날 리 만무다. 신랑은 제발 신부의 선택(생각)에 확신이 서서 가장 예쁜 가방을 구매(행동)하게 되기만을 바랄 뿐이었다.

처음 만난 청춘남녀가 서로 알게 되고 사랑하고 결혼해서 부부로 살아가는 모든 과정에 인지 부조화 이론이 적용된다. 당신이 그 남자와 결혼하기로 결정한다(행동). 일생에 가장 큰 결정을 한 다음 '아, 난 정말 운이 좋다. 이 남자와 결혼할 수 있다니!'라고 생각하기보다는 '가만있어 봐. 이거 잘한 결정이야?'라는 의문이 들기가(생각) 더 쉬울 것이다. 결혼이라는 큰일에 대한 두려움과 책임감 때문이리라. 결혼하려는 행동과 결혼을 결정한 생각 사이의 불일치가 클수록 신랑과 신부는 마음이 불안하고 불편해진다. 그러므로 결혼을 약속한 다음에는 상대방의 불편한 마음을 서로 이해하고 없애 주도록 노력해야 한다. 물론 결혼한 이후에도 당신에 대한 확신을 심어 줄 필요가 있다. 그 방법이 달콤한 말이든 맛있는 음식이든 다이아몬드 반지든.

직장생활에서도 이런 현상은 여지없이 나타난다. 당신이 속한 부서 책임자는 당신을 신입사원으로 채용한 후 또는 당신을 승진시킨 후 (행동) 결정을 잘못한 것이 아닌지 의심하며 마음이 흔들릴 것이다(생

당신의 장점을 꾸준히 주입하라

사람들이 중요한 결정을 한 다음에는 잘한 것인지 의심이 들고 마음이 불편하다. 당신의 장점을 지속해서 주입해 상대방이 최선의 결정을 했다고 느끼도록 해주어야 한다.

각). 이 상사가 자신의 행동과 생각이 일치하지 않아 당신의 승진이나 채용을 취소하기 전에 할 일이 있다. 상사가 자신의 결정을 확신하도록 당신에 관한 긍정적 정보를 주입하는 것이다. 특별한 계기가 있을 때 1회적으로 하라는 것이 아니라 기회가 있을 때마다 지속해서 해야 한다. 상사가 SNS 사용자라면 아마도 이런 기회는 더 많을 것이다.

사람들은 중요한 결정을 한 후 자신의 결정에 확신이 서지 않아 마음이 불편할 때가 잦다. 그 사람이 간사해서가 아니라 누구나 그런 성향이 있기 때문이다. 당신의 이성 친구나 배우자, 친구, 상사도 예외는 아니다. 당신을 연인 또는 배우자로 결정한 뒤 상대방은 불현듯 자신의 결정을 불안해한다. 따라서 당신의 장점을 지속해서 주입함으로써 상대방이 최선의 결정을 했다는 확신을 하도록 해야 한다.

5
변하지 않는 당신은 유죄

사람들은 왜 바람을 피울까? 연인 사이의 사랑과 배반 그리고 복수는 문학작품의 영원한 주제다. 모차르트의 유명한 오페라 〈돈 조반니〉를 보자. 주인공 돈 조반니는 방탕한 젊은 귀족으로 제1막에서 이미 돈나 엘비라를 저버렸다. 이어서 다른 남자와 약혼한 돈나 안나를 유혹한 후 다시 버리고 고향 남자와 결혼식을 올리기 직전인 체리나를 유혹한다.

이 오페라가 2막으로 끝나지 않는다면 아마 돈 조반니의 바람 행각은 더 이어질 것이다. 그가 만났던 여자가 이탈리아에 640명, 독일에 231명, 프랑스에 100명, 터키에 91명 그리고 스페인에 1,003명이라고 한다.

진화심리학에서는 남자의 바람기를 더 많은 자손을 퍼뜨리려는 생존 및 번식 욕구와 밀접하게 연결되어 있다고 본다. 이는 성관계 대상이 바뀔수록 성적으로 새로운 자극을 얻는 쿨리지 효과Coolidge Effect[17]와도 일맥상통한다. 미국의 제30대 대통령인 쿨리지가 부인과 함께 닭 농장을 방문했다. 영부인이 매일같이 교배하는 수탉을 보고는 농장 주인에게 말했다.

"이 사실을 대통령께 전해 주세요."

이 말을 들은 대통령이 발끈했다.

"이 수탉이 매일 똑같은 암탉과 하는가?"

그러자 농장 주인이 대답했다.

"물론 아니죠."

쿨리지 대통령이 농장 주인에게 말했다.

"이 사실을 영부인한테 전해주겠소?"

물론 일부일처제의 인간 사회에는 적용될 수 없는 이야기다. 이 조크가 시사하는 바는 때로 변신이 필요하다는 의미다. 연인이든 부부든 가끔 변신을 시도해 자칫 밋밋해질 수 있는 관계에 신선함과 활력을 불어넣자는 것이다.

사회심리학에서 말하는 최적 각성 수준Optimal Stimulation Level 이론은 더욱 보편적인 설명을 제시한다. 사람들에게는 누구나 가장 편안해하는 각성 수준이 있다. 여기서 각성이란 불안, 걱정, 공포, 흥분 등과 관련한 심리 상태와 심박 수, 혈압, 체온, 호흡 등과 관련한 생리적 상태를 말한다. 사람들은 자신의 각성 수준이 최적 수준 이하로 떨어지면 지루하고 관심이 없어지고 집중하지 못한다. 공부든 운동이든 뭘 해도 효과가 낮고 재미도 없다. 그래서 사람들은 최적 각성 수준을 유지하려는 욕구가 있다.

최적 각성 수준은 사람마다 차이가 있다. 어떤 사람들은 최적 각성 수준이 상대적으로 높아서 더욱 높은 자극이 필요하고, 쉽게 싫증을 내며 지루한 것을 참지 못한다. 영화배우 엘리자베스 테일러는 〈자이언트〉, 〈뜨거운 양철 지붕 위의 고양이〉, 〈클레오파트라〉 등에 여주인공으로 출연해 세기의 여배우라는 호칭을 얻었다. 그녀는 배우 리처드 버튼과 두 번 결혼과 이혼을 반복하였고 호텔 재벌, 영화 제작자, 상원의원, 노동자 등 일곱 명의 남자와 여덟 번의 결혼과 이혼을 거듭했다.

소비자 행동 분야에서는 이런 사람들을 감각 추구형 소비자Sensation Seekers라고 한다. 이 사람들은 다양성을 찾으며 신제품과 유행을 잘 수용한다. 신상품이 나오자마자 곧바로 사는 '신상녀'가 바로 여기에 속한다.

최적 각성 수준이 높은 분야는 사람마다 다르다. 누구는 책에 민감하고, 또 누구는 옷에, 구두에, 명품 가방에, 새로운 차에, 카메라에 민감하다. 대개 젊은 여성들이 옷과 구두와 가방에 민감하다. 누구는 철이 바뀌고 유행하는 스타일이 바뀔 때마다 최신 스타일의 옷을 사지 않고는 못 배기는가 하면, 누구는 새 스타일의 신발이 나올 때마다 소장해야 직성이 풀리곤 한다.

20대인 딸의 친구 중에 남자친구도 있고 한창 멋 부릴 나이인데도 도통 옷과 구두와 가방에 관심이 없는 아이가 있다. 대신 그녀는 스마트폰과 태블릿 PC 등 전자기기와 애완견에 큰 관심을 보인다. 그녀는 새 모델의 스마트폰이 나올 때마다 사지 못해서 안달이지만, 그녀의 어머니는 딸이 그 나이가 되어서도 멋 부리는 데는 도무지 관심이 없으니 어디 좀 모자란 것이 아닌가 걱정이라고 한다.

중년 골퍼들은 나이 드는 것을 의식할수록 장타에 욕심을 부리고 드라이버 교체를 자주 한다. 어떤 친구가 드라이버 비거리가 약간 늘었다 싶으면 그 친구가 쓰는 드라이버를 산다. 어떤 사람은 퍼터에 민감하다. 결국 점수를 좌우하고 돈내기에서 승자를 결정하는 것은 퍼팅이라고 주장하면서 새 퍼터를 몇 개씩 가지고 있다.

남녀노소 불문하고 바람둥이라는 사람들은 이성에 대한 최적 각성 수준이 높다. 그들의 도덕적 수준은 확인해야겠지만 한 가지 분명한 것은 이성에 대한 최적 각성 수준이 다른 사람보다 높다는 것이다. 이런 사람은 누군가를 열렬히 사랑하지만 그 감정이 오래가지 않고 쉽게 식어버리는 특징이 있다.

이탈리아나 프랑스 남자들은 멋을 많이 부린다. 남성 정장이나 캐주얼의 유명 브랜드들이 대부분 이 두 나라에 뿌리를 두고 있는 것도 그런 이유 때문일 것이다. 유럽의 젊은 여성들 사이에 연애 상대로는 이탈리아 남자가 최고라는 인식이 있다고 한다. 이 사람들이 멋을 부리고 여성에게 돈을 잘 쓰는 기분파여서 그런 것이 아닌가 하는 생각도 든다.

때로는 변신이 필요하다

사람들은 최적 각성 수준이 있어서
그 이하에서는 대개 지루해하고 재미없어한다.
쉽게 지루함을 느끼는 사람에게는 때때로 변신을 시도해
신선한 자극을 줄 필요가 있다.

우리나라는 얼마 전까지만 해도 먹고 사는 문제로 바빠 멋 같은 데는 관심을 둘 여유가 없었다. 그러나 몇 년 사이 많이 달라졌다. 과거 중년 남성복이 공무원 스타일의 딱딱한 점퍼 일색이었던 데 반해 근래에는 무척이나 다양하다. 젊은이들 역시 남녀 불문하고 모두 상당히 멋을 부리는데 중국을 비롯한 아시아권에서 한국 패션이 통하는 것도 이런 추세와 궤를 같이하는 것이 아닐까 싶다.

젊은 남자가 항상 같은 스타일의 옷을 입고, 늘 회사 문제로 불평하며, 매일 엇비슷한 식당에만 데려간다면 여자 친구는 그를 당연히 재미없게 느낄 것이다. 이는 즉각 권태기를 부르는 행동이다. 여성도 마찬가지다. 그래서 잘되는 커플의 진행 과정은 공통점이 있다. 늘 상대방을 위해 무언가 새로운 '편치'를 준비한다.

늘 변함없이 꿋꿋하고 한결같은 남자는 어떤가? 물론 믿음직스럽다는 강점이 있지만 상대방에게는 지루한 사람으로 보일 수 있는 위험 요소가 있다. 여자도 마찬가지다. 늘 보는 검소하고 수수한 모습의 엄마는 믿음직한 엄마이지만 여자로서는 지루한 대상이 된다는 것을 간과해서는 안 된다. 특히 상대방이 최적 각성 수준이 높은 사람이라면 지루한 것을 싫어하고 늘 새로운 것에 흥미를 느끼기에 가끔 변화를 시도해야 한다. 신선한 면이 있다는 것을 상대방이 자주 느끼게 해야 한다.

> 6

부장님이 셔플댄스를
연습하는 이유

　루이스 캐럴의 소설 『이상한 나라의 앨리스』의 주인공 앨리스는 기기묘묘한 변신을 경험한다. 토끼 굴을 지날 때 우연히 발견한 약을 마신 후 몸이 작아지는가 하면, 아담한 집 안에 들어가 몰래 과자를 먹은 후에는 몸이 점점 커진다. 이 이야기는 일곱 살짜리 여자아이가 토끼 굴속 환상의 나라에서 겪는 기상천외한 꿈의 세계를 그린 동화다. 아이들뿐만 아니라 많은 어른이 이 소설과 영화에 매료되었던 것을 보면, 어른들도 이런 신기한 변신을 꿈꿀 때가 잦은 모양이다. 생각과 달리 현실이 답답할수록 이런 꿈을 꾸는 것이 아닐까.

　사람들은 늘 변신한다. 해가 바뀌면서 육체적 변화를 겪고 사춘기에 접어들거나 중년에 들어설 때는 정신적 변화가 따르기도 한다. 일상적인 변화는 점진적이고 미미해서 잘 인식하지 못할 뿐이다. 그렇다면 사람들은 어떤 때 상대방의 변신이나 주위 사람의 변화를 가장 잘 감지할까?

　이 질문에 답하기 위해서는 자극의 인식에 관련한 두 가지 개념을 이해해야 한다. 첫째는 절대식역Absolute Threshold으로, 자극이 일정 수준 이상 크거나 강해야 사람들이 그 자극을 인식할 수 있다는 것이다. 사람은 일정 데시벨 이상의 소리를 들을 수 있고 일정 크기 이상이라야 볼 수 있다. 둘째는 차이식역Differential Threshold으로, 자극에 변화가 있을 때 그 변화량이 일정 수준 이상이라야 사람들이 이를 인식할 수 있다. 즉 기온이나 습도가 일정 수준 이상 올라가거나 내려가야 그 변화를 인식할 수 있다.

　차이식역은 자연 현상을 인식하는 데만 적용되는 것이 아니라 사회 현상의 인식에도 적용된다. 라면 한 봉지의 가격이 얼마쯤 올라야 소비자가 가격이 올랐다는 것을 깨달을까? 석유 가격이나 버스비 또는 소주, 맥주, 콩나물 등 소비재에 대해서도 마찬가지 질문을 할 수 있다. 맛에 대해서도 마찬가지다. 소주가 얼마쯤 순해져야 애주가가 알코올 도수 변화를 깨달을까?

　웨버의 법칙Weber's law에 따르면 '변화량÷자극의 초기 크기=K(상수)'라고 한다. 물론 여기서 상수는 자극의 종류에 따라 다르다. 가격에 대하여 상수 K가 0.05라고 하자. 그 의미는 가격에 최소 5퍼센트 인상 또는 인하가 있어야 소비자가 그 변화를 감지한다는 것이다.

　원래 가격이 5만 원인 운동화라면 그 5퍼센트인 2,500원 이상 오르거나 내릴 때 소비자는 그 변화를 알아차린다. 원래 가격이 50만 원인 가전제품이라면 그 5퍼센트인 2만 5,000원 이상 변화가 있어야 소비자가 그 변화를 알게 된다는 것이다. 아마 기업은 가격이 오를 때는 소비자가 알아차리지 못하고 내릴 때는 바로 알아차릴 수 있기를 원할 것이다.

결혼 후 제법 세월이 지나서 부인들이 남편에 대해 분개하는 것 중 하나가 자신이 머리 모양을 바꿨음에도 남편이 이를 알아채지 못한다는 점이다. 아내가 나의 둔감함을 탓하며 20년이나 두고두고 하는 불평이 있다.

결혼하고 1~2년 후쯤 아내는 평소보다 멋도 내고 싶고 기분 전환도 하고 싶어 멀리 시내까지 나가 유명한 미용실에서 파마를 했다. 퇴근한 내가 자신의 달라진 머리 모양을 보고 반색하리라 기대하며 기다려도 내가 끝내 묵묵부답이자 아내는 몹시도 서운했다고 한다. 그 일로 인해 나는 아직도 센스 없는 남자에서 벗어나지 못하고 있다. 모처럼 새 옷이나 구두를 장만했을 때도 마찬가지다. 여기서 잠시 남편들을 위한 변명을 해보자.

웨버의 법칙에 따르면 변화를 인식할 수 있는 최소한의 변화량 이상으로 변해야만 남편들은 알아차릴 수 있다. 부인들이여, 남편의 무심함을 탓할 것이 아니라 자신의 변화가 너무 밋밋한 것은 아닌지를 점검해 보라. 색상만 약간 다른 구두라면 새 구두인지 알아차리기가 쉽지 않다. 적어도 납작한 구두에서 킬힐 정도로는 변신해 주어야 남자들은 알아차릴 수 있다.

충분히 큰 변화에 도전하라

변화를 시도할 때는 일정 정도 이상이 되어야
상대방이 인지할 수 있다. 우리는 평소 남의 눈을 의식하며
살기 때문에 과감한 변화에 소극적이다. 입이 딱 벌어질 정도로
변화해야 상대방이 쉽게 알아차릴 수 있다.

중년 직장인들도 마찬가지다. 봄을 맞이해 새로 산 정장을 빼입고 가도 그 어떤 부서 직원도 알아차리지 못한다. 중년들이 입는 늘 같은 스타일의 정장에다 청색에서 짙은 회색으로 색상만 바뀐 옷을 어떻게 선뜻 알아차리겠는가. 아예 젊은이들이 주로 구매하는 매장에 가서 옷을 사 입는 정도는 되어야 좀 알아볼 수 있지 않을까.

직장에서 젊은 사람들과 좀 더 잘 소통하기 위해 '휴식 시간'을 가지고 대화를 한다고 해보자. 그럼에도 용어가 달라지지 않고 SNS 활용도가 낮다면 정작 젊은 직원들이 볼 때는 별 변화를 감지하기 어려울 것이다.

최근 '김 부장님의 셔플댄스 도전기'라는 CF에서 중년 신사가 시도 때도 없이 열심히 셔플댄스를 연습하는 모습이 나온다. 김 부장은 왜 셔플댄스를 연습할까? CF의 설명으로는 '젊은 후배와 친해지고 싶어서'라고 한다.

우리가 시도하는 변신은 어느 정도일까? 우리는 때때로 큰 변화를 시도함으로써 상대방에게 신선한 자극을 줄 수 있다. 부부든, 연인이든, 직장 동료든 그 원리는 마찬가지다. 상대방으로부터 신선한 호감을 계속 이끌어 내기 위해서는 당신이 충분한 정도의 변화를 주어야 한다. 우리는 평소 남의 눈을 의식하며 살고 있기 때문에 과감한 변화에 소극적이다. 그렇지만 과감하고 큰 변화를 주어야만 상대방이 쉽게 인지할 수 있다. 직장에서 시간이 날 때마다 셔플댄스를 연습하는 데는 돈이 들지 않는다. 약간의 노력이 필요할 뿐이다.

7
벌어진 실수에는 쿨하게 대처하라

사람은 누구나 실수를 한다. 기업도 마찬가지다. 그래서 인적 서비스를 제공하는 것이 주 업무인 회사에서는 고객에게 무언가 실수를 할 때 적절하게 복구하는 것이 중요하다. 고객은 자신이 받는 서비스가 시원치 않을 때 그 원인이 무엇인지 따져 보기 마련이다. 귀인 이론Attribution Theory이 바로 여기에 적용된다. 귀인 이론에 의하면 고객은 무언가를 구매한 후 결과가 불만족스러울 때 그 원인이 무엇인지 알아본다고 한다.

첫째, 그 실패가 판매자 잘못인지 고객 잘못인지를 따져 본 후 판매자 잘못으로 확인되면 고객은 더 큰 불만족을 느낀다. 둘째, 실패가 반복될 때 고객은 더 큰 불만족을 느낀다. 셋째, 그 실패가 판매자가 사전에 방지할 수 있었다면 고객은 더 큰 불만족을 느낀다.

시험 보는 날 꼭 지각하는 학생이 있다. 대입 논술이나 면접과 같은 중요한 시험에도 지각생이 있으니 중간시험이나 기말시험에는 어련하겠는가. 그런데 지각한 학생의 이유가 예기치 않은 전철 고장으로 한 시간이 지연되었기 때문이고, 그 학생은 학기를 통틀어 한 번도 지각한 적이 없다면 누구라도 그 사정을 이해할 수 있을 것이다.

때로는 결시자도 있다. 한 가지 재미있는 사실은 시험을 빼먹은 데 대한 핑계는 문화권과 관계없이 비슷하다는 것이다. 시험을 빼먹어 그럴싸한 핑계를 대서 다시 재시험의 기회를 가지고 싶을 때 학생들이 주로 써먹는 핑계는 비슷하다. 당신 주위에도 할아버지나 할머니, 외할아버지 또는 외할머니가 갑자기 돌아가셨다는 핑계를 대는 학생이 있었을 것이다. 이 핑계는 미국이나 뉴질랜드에서도 똑같이 동원된다.

직장에서도 누구나 실수를 한다. 중요한 것은 어느 때 사람들이 당신의 실수에 대해 민감하며 관대하지 못한지를 알고 대처하는 것이다. 나에게 일을 맡긴 사람은 위 귀인 이론에서 보듯이 첫째는 그 실패가 누구 때문에 발생했는지, 둘째는 같은 실패를 반복하고 있는지, 셋째는 그 실패를 사전에 방지할 수 있었는지 살펴볼 것이다. 누구나 실수를 할 수 있지만 같은 종류의 실수를, 그것도 미리 방지할 수 있는 실수를 되풀이한다면 질책을 피할 수 없다. 당신이 이런 실수를 반복하고 있다면 시급하게 대책을 마련해야 한다.

존슨앤드존슨의 시장점유율 1위인 진통제 타이레놀의 사망 사고 사례는 엄청난 실수에 대해 회사가 어떻게 대응해야 하는지를 잘 보여 준다.[18] 1982년 9월 말 수요일 아침, 애덤 재너스는 타이레놀 한 상자를 사서 그중 한 알을 복용했고 그날 오후 3~4시경에 사망했다. 주말까지 시카고 지역에서 네 명이 비슷한 상황을 겪고 사망했다. 사망 원인은 타이레놀 캡슐에 청산가리라는 독극물이 들어 있었기 때문이었다.

존슨앤드존슨은 이미 유통된 타이레놀에 대해 리콜 조치를 시행했고, 소비자들에게는 이 사건이 해결되기 전까지 타이레놀을 복용하지 말 것을 당부했다. 전국에 있는 모든 약국과 슈퍼마켓 진열대에서 타이레놀을 거두어들여 타이레놀을 구매할 수 없도록 조치했다. 경찰의 조사 결과 타이레놀을 제조하는 과정에서 독극물이 주입된 것이 아니라는 사실이 밝혀졌다.

조사 완료 후 존슨앤드존슨은 이물질을 삽입할 수 없도록 타이레놀의 포장을 교체했다. 타이레놀 캡슐을 삼중으로 봉합 포장했다. 그리고 포장 상자의 입구 부분을 접착해 상자를 뜯을 때 뜯긴 흔적이 확실히 보이게 했다. 상자와 통에는 '안전 포장이 벗겨져 있으면 사용하지 마십시오'라는 문구도 적어 넣었다. 이렇게 삼중 포장을 하는 데는 당연히 추가 비용이 발생했다. 그러나 존슨앤드존슨은 양심적이고 신속한 대응으로 잃었던 소비자들의 신뢰를 회복하기 시작했다. 이 사건이 있기 전 타이레놀의 시장점유율은 약 35퍼센트였다. 사건 발생과 함께 7퍼센트까지 급하락했다가, 사건이 해결된 1983년 5월 타이레놀은 다시 사건 전의 시장점유율을 회복했다. 소비자들은 귀인 이론의 세 가지 요소의 관점에서 이 사건을 바라보고 검토했을 것이다.

첫째는 이 사고가 회사의 실수 때문에 발생했다고 보기 어렵고, 둘째는 회사가 이 사고를 미리 방지하기 어려웠다는 점을 알았다. 마지막으로 소비자들은 회사가 사고를 수습하는 과정에서 모든 정보를 투명하게 공개하고 앞으로 사고가 재발하지 않도록 노력하는 모습을 보았다. 소비자들의 신뢰를 회복했기에 이 제품의 시장점유율은 회복될 수 있었다.

소비자가 불만족을 경험한 후의 재구매율 통계를 보자. 구매 후 불만족을 느낀 소비자가 취할 수 있는 경로는 세 가지로 단정할 수 있다. 첫째, 아무런 행동을 취하지 않고 가만히 있는 경우다. 이런 소비자의 재구매율은 매우 낮다. 둘째, 불만 접수창구를 통해 불평을 제기했는데 불행하게도 회사가 마땅한 해결방법을 찾지 못한 경우다. 이때는 재구매율이 첫째 경우보다 올라간다. 소비자의 불평이 어느 정도 카타르시스로 작용하기 때문이다. 셋째, 불만 접수창구를 통해 불평을 제기했고 회사가 적절한 해결 방법을 제시해 준 경우다. 이때는 재구매율이 50퍼센트 이상으로 매우 높다. 불평과 해결이라는 과정이 없었다면 밋밋했을 구매 경험이 재미있고 의미 있는 경험으로 전환되었기 때문일 것이다.

인간관계에도 마찬가지 효과를 기대할 수 있다. 사실 완벽한 사회생활을 유지하는 것은 불가능하다. 누군가 무슨 일로든 나에게 불만

거듭된 실수의 대책을 마련하자

고객에게 또는 주위 사람들에게 당신 책임으로 미리 방지할 수 있었던 실수가 되풀이되었다면 적극적인 대책 마련이 필요하다.

을 느끼는 경우가 있다. 이때 상대방의 이야기를 경청하면 해결 방법을 찾을 수 있다. 그렇게 해서 불만이 해소되면 오히려 이전보다 더 큰 호감을 사고 더 견고한 관계로 나아갈 수 있다. 비 온 뒤 땅이 더 굳어진다고 하지 않는가.

당신은 이성 친구에게 또는 직장 동료나 고객에게 종종 실수 하는 편인가? 실수를 하더라도 상대방으로부터 호감을 받을 방법이 있다. 귀인 이론의 세 요소를 적용해 점검해 보면 그 답을 알 수 있다. 당신과 상대방 사이에 갈등이 발생했는데 당신의 책임이 분명하고, 같은 문제가 되풀이되었거나 당신이 미리 방지할 수 있는 문제였다면 상황은 심각하다. 당신은 진지하게 문제를 해결할 방법을 찾아야 한다. 문제가 당신에게서 초래되었음을 솔직하게 인정하고 바로 잡을 방법을 찾는다면 상대방으로부터 호감을 유지할 수 있다.

5장
밀당의 기술 9가지

호감을 사기 위해서는 다양한 전략을 동원할 수 있다. 어렵거나 많은 노력이 필요한 것이 아니다. 원리를 이해하면 새로운 상황에서도 잘 응용할 수 있다.

당신에게 호감을 느끼고 있는 그 사람에게 친절하고 다정다감하게 대해 줄 때도 있어야 하지만 때로는 조바심을 내게 해야 당신을 귀중한 사람으로 생각한다. 당신을 좋아하는 상대에게 쉽게 마음을 열지 말고 힘든 과정을 한 번 통과하게 함으로써 그 사람의 호감과 사랑을 키울 수 있다. 당신의 행동을 특별한 배려로 보이게 하고, 당신이 더 능력 있는 사람으로 보이도록 하는 방법을 찾아야 한다. 그리고 선물을 줄 때 한 번에 여러 가지를 주기보다는 한 가지씩 여러 차례로 나누어 주는 것이 좋으며, 나쁜 일은 한 번에 모아서 고백하는 것이 좋다.

사람들은 당신과 있었던 여러 가지 일들을 통계 자료처럼 기억하는 것이 아니라 인상 깊었던 일 위주로 기억한다. 그래서 과거 허물을 한 번에 만회할 수도 있고, 과거 공적들을 한 번에 날려버릴 수도 있다. 주위 사람에 따라 당신이 더 돋보일 수도 있고, 아닐 수도 있으니 그에 따른 방법을 잘 활용해야 한다.

상대방에게 작은 도움을 청함으로써 그 사람이 그 과정에서 당신에 대한 호감을 확인하도록 할 수 있다. 그리고 작은 요구로 상대방이 응하게 함으로써 보다 의미 있는 행동으로 유도할 수도 있다. 평소 성실한 사람이 가끔 실수를 저지르면 오히려 매력 요소로 받아들여질 수 있다는 점을 기억하자.

1
당신이 떠날지도 모른다는 긴박감을 조성하라

미국 서북부의 소도시인 나파Napa는 미국 최대의 와인 산지다. 제각기 아름다운 건축물을 자랑하는 수백 개의 와인 제조업체가 와인 맛보기를 제공하고 있어서 와인 애호가를 포함해 수많은 관광객이 방문하는 곳이다. 이름난 맛집들도 많은데 '프렌치 라운드리The French Laundry'라는 독특한 이름의 최고급 레스토랑이 있다. 이 레스토랑은 요일별로 정해진 두 가지 메뉴(각기 9-course)를 제공하는데, 식사 가격은 270달러다. 레스토랑 와인 리스트에 없는 와인은 가져와서 먹어도 좋은데(2인당 1병만), 병당 75달러의 봉사료를 내야 한다. 웹사이트에 나와 있는 예약 안내 내용을 살펴보면 더 놀랍다.

저녁 식사는 매일 제공하고 점심은 금, 토, 일에 제공한다. 저녁은 오후 5시 30분~9시 15분까지, 점심은 오전 11시~오후 1시까지 제공한다. 예약은 원하는 날로부터 최소한 두 달 전에 해야 한다.

요일별로 메뉴가 바뀌긴 하지만 코스 요리 두 가지 메뉴만 있고, 가격은 우리 돈으로 치면 30만 원이 훌쩍 넘는다. 그것도 두 달 전에 예약해야 식사를 할 수 있다. 이런 유명 레스토랑의 특징은 인기가 있어도 확장을 하지 않는다는 점이다. 약간 유명해지면 식사시간 직전에 손님들이 줄을 서는 정도고, '프렌치 라운드리'처럼 아주 유명해지면 두 달씩 대기해야 한다. 유명해져도 좌석 수를 늘리지 않고 희소성을 유지하는 것이다. 그렇다, 명품의 첫 번째 요건은 희소성을 유지하는 것이다.

프랑스 고급 와인은 보통 100만 원이 넘는다. 품질 유지를 위해서 매년 한정된 수량만을 생산한다. 물론 품질 유지도 중요한 목적이겠지만, 희소성 유지도 못지않게 중요하다.

우리나라 여성들이 워낙 샤넬 백을 좋아하니 '샤테크' 현상까지 벌어진다. 2년 전 구매한 샤넬 백을 중고품으로 팔면 구매 시 가격보다 더 비싸게 팔 수 있다는 것이다. 그 모델이 단종되어 희소성이 높아졌기 때문이란다.

TV 홈쇼핑을 보자. 같은 원리가 여기에도 응용된다. 여기서는 품질보다 제한된 물량과 제한된 시간을 강조한다. '이제 곧 물량이 소진된다, 이제 이 제품을 살 기회가 5분밖에 남지 않았다'는 설명이 반복된다. 나도 이런 설명에 혹해 등산복을 산 적이 있다.

이런 현상을 설명하는 것이 희소성의 원칙Scarcity Principle이다. 사람들은 부족한 것일수록 소유욕이 커진다. 공기와 같이 원하면 언제나 얻을 수 있는 것에 대한 욕망은 거의 제로에 가깝다. 이는 실험을 통해서도 입증됐다. 피험자들을 두 집단으로 나누고 한 집단의 피험자에게는 과자가 열 개 있는 상자에서 하나를 주고, 다른 집단의 피험자에게는 두 개 있는 상자에서 하나를 주었다. 같은 과자임에도 사람들은 두 개 있는 상자에서 받은 과자를 더 좋아했다.

그렇다면 당신이 최고급 프랑스 와인이나 샤넬 백 같은 명품도 아닌데 어떤 희소성을 주장할 수 있는지 궁금할 것이다. 우리가 익히 알고 있는 소매점이나 TV 홈쇼핑을 보라. 그들이 파는 것은 명품이 아니지만 '마지막 재고' '마지막 기회' '1년 중 단 한 번의 기회' 등을 강조한다.

직장에서도 마찬가지다. 상사들에게 당신의 희소가치를 보여줄 수 있다면 당연히 평가와 승진에서 유리하다. 승진을 앞두고 있는 김 대리. 상사가 자신의 승진에 관해 고민이다. 이때 김 대리가 평소 회사에 몹시 충성도가 높아서 이직의 가능성이 전혀 없는 사람으로 인식되고 있다면 문제가 있다. 그렇다고 늘 여기저기 기웃거리는 기회주의자가 되라는 말이 아니다. 다만 저 사람이 이번에 승진되지 않으면 경쟁사로 가는 것 아닌가 하는 의구심을 약간 주는 정도면 상황이 김 대리에게 유리할 수 있다는 것이다.

사람들은 희소성이 큰 물건일수록 더 좋아한다. 같은 물건이라도

완전 매진의 법칙을 기억하라

희소성의 원리를 활용하자.
당신이 언제나 상대방을 기다리지 않는다고 알려라.
언제든 품절될지 모른다는 위기감을 조성하면 당신을 향한
그 사람의 마음이 더 빨리 움직인다.

곧 매진이라는 말을 들으면 그 가치가 더 높아 보이고 빨리 사고 싶어진다. 사람을 사귈 때도 이 원리를 활용할 수 있다. 당신이 언제나 그 사람을 위해 기다리고 있는 사람이 아니라 지금 잡지 않으면 곧 사라질지도 모른다는 긴박감을 조성하면 당신을 향한 그 사람의 마음이 더 빨리 움직일 것이다.

2 밤하늘 달과 별을 따다 주면

스웨덴 가구회사인 이케아IKEA가 유럽 대륙을 휩쓸고 미국에서도 급속 성장을 하고 있다. 우리나라에도 소수 매장이 들어섰고 조만간 대규모 매장이 들어설 예정이라고 한다. 가구산업은 제품이 부피가 크고 판매와 배송 및 설치 단계에 많은 서비스가 소요되기 때문에 글로벌화가 진행되지 않은 산업 분야에 해당했다. 전통 가구 판매업체는 완성 가구를 매장에 진열해두고 고객이 방문하면 판매원이 하나하나 안내하면서 설명하는 방식을 썼다. 가구의 부피가 크기 때문에 매장에 소수 상품만 갖출 수 있었다. 배송비 때문에 일정 지역을 넘어 상권을 확대하기가 어려웠다.

그러나 이케아가 시장에 등장하면서 달라지기 시작했다. 이케아는 혁신적 비즈니스 방식을 사용하였다. 대규모 매장을 마련하고 한 층에는 고객에게 보여주기 위한 전시용 가구를 배치하였다. 보통 가정에 필요한 모든 종류의 가구와 주방용품 및 가정용품이 있을 정도로 폭넓은 상품을 가지고 있다. 고객이 둘러보고 필요한 물건의 목록을 정한 다음 다른 층에 가서 그 물건들을 고르고 카트에 담는다.

이케아에서 판매하는 모든 가구는 DIY(do it yourself) 제품, 즉 분해된 자재와 부품 조합을 구매자가 집으로 가져가서 직접 조립해야 하는 제품이다. 그리고 고객이 직접 운반하기 때문에 회사가 배송 서비스를 제공할 필요가 없으며, 이러한 이유 때문에 가격이 저렴하고 글로벌 시장에 진출할 수 있었던 것이다. 대학생들이나 젊은 직장인들이 몇 년 쓰기에 적당한 제품들이다. 그래서 세계시장에서 높은 인기를 누리고 있다.

자신이 직접 운반하고 조립을 해야 하는 것이 절대 쉽지만은 않다. 특히 전통식 방식에 익숙한 사람들에게 직접 조립은 보통 어려운 일이 아니다. 그런데 이런 어려움 덕분에 사람들이 이케아 가구를 더 좋아한다는 것은 놀라운 일이다. 사람들은 자신이 노동을 하여 얻는 결과에 높은 가치를 부여한다.

요즘 인기 있는 시골체험 또는 관광농원에서는 방문객들에게 과일, 채소를 먹을 만큼 직접 수확하게 해준다. 방문객이 수확하니 농원은 수확 비용을 들이지 않으면서 과일과 채소를 판매할 수 있다.

미국의 봉제완구 브랜드인 빌드 어 베어 워크숍Build-A-Bear Workshop은 곰 인형을 고객이 직접 조립하게 하는 방식으로 크게 성공하였다. 고객이 빌드 어 베어 점포에 와서 인형 몸을 고르고 직접 솜도 채워

넣는다. 또 털도 부풀려주고 옷과 신발도 골라 이름을 짓는다. 고객이 조립하니 판매업체는 조립비용을 들이지 않는데도 불구하고 비싼 프리미엄 가격에 판매하고 있다. 사람들은 힘들고 많은 노력을 해야 하며 오랜 시간 공들여 얻는 것에 더 큰 애착을 느끼기 때문이다.

이케아 가구도 이러한 방식에 따라 운영되고 있다. 다른 가구업체와 달리 이케아 가구는 구매자가 직접 조립하기에 오랜 시간과 노력과 수고를 들여야 한다. 그 결과 구매자가 다른 가구업체 제품보다 이케아 가구를 더 좋아한다는 것이다. 이러한 맥락에서 한 연구는 '자신이 오랜 시간 공들이고 노력하여 어렵게 성취하는 것일수록 그만큼 더 좋아하는 현상'을 이케아 효과라고 불렀다.[19] 실험을 해보니 자신이 직접 이케아 박스를 조립한 집단의 고객들은 완성 상태의 동일한 박스가 주어진 집단의 고객들에 비하여 63퍼센트 더 비싼 가격을 낼 의향이 있고 선호도 또한 훨씬 더 높은 것으로 나타났다.

경우에 따라 수확과정이나 조립과정이 더 즐거울 수도 있다. 도시 거주자가 한적한 시골 농원을 방문하여 드물게 직접 과일을 따는 체험도 그렇고, 모처럼 한가한 시간에 어린 조카와 함께 곰 인형을 조립하는 것도 그렇다. 그리고 곰 인형을 직접 조립하면 자신이 좋아하는 스타일로 '맞춤화'하기 때문에 곰 인형의 가치를 더 높게 평가할 수 있다. 그러나 여기서 말하는 이케아 효과, 즉 '노동으로 인한 가치 증대'는 노동에 수반하는 즐거움이나 맞춤화의 가치에 의한 것이 아니다. 고된 노력을 요구하는 노동 자체가 그 결과물의 가치를 높이고 더 좋아하고 더 사랑하게 되는 것을 말한다.

그렇다면 이케아 효과의 교훈은 무엇일까. 여자들이여, 너무 쉽게 마음을 열어주지 말라는 것이다. 남자가 여자의 마음을 얻기 위해 많은 시간과 노력을 기울일수록 그녀의 마음을 얻었을 때 만족감이 더 크고 그녀를 더욱 사랑하게 되기 때문이다. 그 남자가 이미 마음에 들더라도 당신의 마음을 얻는 과정을 다소 어렵게 만들라는 것이다. 이렇게 힘든 과정을 거쳐서 당신의 마음을 얻는 데 성공할 때 그 남자의 사랑이 한여름 잘 익은 수박덩이만큼 크게 될 것이다. 남자도 마찬가지다. 여자가 좋다고 호감을 표시할 때 자동 출입문 열리듯이 쉽게 그 자리에서 마음을 열어주는 우를 범하지 마라. 배가 고프더라도 지그시 참고 기다려야 밥이 뜸이 제대로 들듯이 기다리는 자에게 더 큰 사랑이 온다는 것이다.

세상에서 제일 아름다운 여자를 부인으로 얻기 위해서 큰 난관을 극복해야 하는 이야기 구도는 어렵지 않게 찾을 수 있다. 아마도 고된 노력과 공을 들여서 쟁취해야만 그 여인을 더욱 사랑하게 된다는 사실을 작가들은 오래전부터 간파했던 것이리라. 셰익스피어의 저 유명한 희곡인 『베니스의 상인』은 이런 이야기에서 출발한다. 배사니오가 좋아하게 된 여자가 누구인지부터 보자.

배사니오: 아름다운 도시 벨몬트에 굉장한 유산을 물려받은 여자가 있는데, 외모도 외모지만 그보다는 그 인품이 비상하고 고결

한 여자라네. 나는 그녀의 눈에서 무언의 정다운 말을 받곤 했지만……. 포셔라는 이름인데, 케이토의 딸이며, 브루투스의 아내였던 저 유명한 로마의 포셔에 비해 조금도 손색이 없다네. 그뿐 아니라 얌전하다는 소문이 여기저기 퍼져서 동서남북 할 것 없이 각지의 해안으로부터 유명한 구혼자들이 밀려들고 있지. 그녀의 빛나는 머리카락은 황금 양털처럼 이마에 늘어져 있는데, 이 때문에 그녀가 사는 벨몬트는 옛날이야기에서 제이슨이 찾아갔다는 콜코스 해안처럼, 수많은 영웅이 그녀를 찾아들고 있다네.

그런데 포셔의 아버지 케이토는 딸의 짝으로 수많은 구혼자 중 가장 진실한 남자를 고르기 위하여 하나의 과제를 내고 맞추는 남자가 결혼할 수 있도록 하였다. 구혼자 중 하나인 모로코 왕과 포셔의 대화를 보면 과제가 무엇인지 알 수 있다.

모로코 왕: 첫 상자는 금 상자이고, 이런 글이 새겨져 있구나. "나를 고르는 자는 만인이 소망하는 것을 얻으리라." 둘째 것은 은 상자. 이런 약속이 쓰여 있군. "나를 고른 자는 신분에 응당한 것을 얻으리라." 셋째 상자는 둔한 납. 경고문까지도 무뚝뚝하군. "나를 고르는 자는 전 재산을 내놓고 운명을 걸게 되리라." 그런데 바른 상자를 골랐는지 어떻게 알 수 있습니까?
포셔: 이 중 하나의 상자 속에 저의 초상이 들어 있어요. 그것을

고르시면 전 그 초상과 함께 전하의 것이 됩니다.

귀족과 영웅을 비롯한 수많은 구혼자가 납 상자의 경고문 때문에 망설인 끝에 쓰디쓴 실패를 경험하게 되고, 주인공인 배사니오만이 성공하였다는 이야기다. 이런 구도는 실생활에서도 심심찮게 찾아볼 수 있다. 난관을 돌파하게 하여 구성원들이 자기 조직에 더 만족하고 충성도를 가지도록 하는 의식이나 제도는 여러 조직에서 관찰된다.

대학의 학과 단위 신입생 환영행사나 엠티에서 신입생들에게 술을 너무 과하게 먹도록 하여 문제가 되는 경우가 종종 있었다. 동아리에서 신입생들에게 신고식을 통해 어려운 요구를 하는 것은 우리나라뿐만 아니라 미국과 유럽의 대학에도 다반사이다. 해병대는 특히 신병들에게 악명 높은 신고식을 하는 것으로 유명했다.

요즘은 기업들이 신입 사원을 대상으로 벌이는 오리엔테이션도 강도 높은 행군이나 등산 등이다. 물론 액면대로 요즘 새내기들이 체력이 약해서 체력 강화를 위한 프로그램을 시행한다고 볼 수도 있다. 그러나 그보다는 새내기들에게 몹시 어렵고 난처한 의식을 통과하게 함으로써 그 조직에 들어오기 얼마나 어렵고 영광스러운 것인지를 체득하게 하려는 의도가 작용한다고 볼 수 있다. 그 조직에 대한 충성도와 헌신 의욕과 사랑을 증대하려는 목적이 크게 작용하는 것이다.

당신에게 호감을 표하고 사귀고 싶어 하는 남자 또는 여자가 마음에 들더라도 쉽게 마음을 열어주지 마라. 그 사람이 나름대로 애쓰

밤하늘의 별을 따서

당신을 좋아한다는 그 사람이 마음에 들더라도
너무 쉽게 마음을 열어주지 마라.
당신에게 오는 과정에 수고와 공을 들이게 하라.
참고 기다리면 더 큰 사랑으로 다가올 것이다.

고 상당한 시간 동안 공들이고 노력하도록 하라. 애써 여유를 부리면서 참아보자. 더 큰 사랑으로 그 사람이 다가올 때까지.

3
같은 것도 상대방에게
이익으로 보이게 하라

심리학자인 카너먼은 동료인 트버스키와 함께 개인의 의사 결정 또는 선택 행동에 대해 많은 연구 업적을 남겼다. 특히 불확실한 상황에서의 의사 결정에 대한 심리학 연구와 경제학 연구를 통합해 전망 이론Prospect Theory을 개발한 공로로 노벨경제학상을 받았다.

전망 이론에 따라서 사람들의 선택 행동을 설명해 보자. A와 B 두 사람이 각기 1,000만 원의 돈을 가지고 있다. 이때 1,000만 원의 가치가 두 사람에게 같을까? 그렇지 않다. A는 500만 원을 가지고 주식 투자를 해 1,000만 원이 되었지만, B는 2,000만 원을 가지고 시작해 1,000만 원이 남은 상황이라고 생각해 보자. A는 500만 원을 기준으로 1,000만 원을 평가하고, B는 2,000만 원을 기준으로 1,000만 원을 평가한다. 따라서 같은 1,000만 원이지만 그 돈에 대한 가치는 A가 B보다 훨씬 높다.

전망 이론에 관한 아래 그래프에서도 알 수 있듯이 사람들은 기준점을 넘어서는 부분을 이득으로, 기준점에 미달하는 부분을 손실로 간주한다. 여기서 중요한 점은 사람들이 손실을 회피하는 성향이 있다는 것이다. 사람들은 가능한 한 손실을 피하려 하고 이익을 바랄 때는 '불확실하지만 큰 이익'보다 '작지만 확실한 이익'을 선호한다. 반대로 손실 영역에서는 위험 추구 성향을 보여서 '작지만 확실한 손실'에 비해 '크지만 불확실한 손실'을 선호한다.

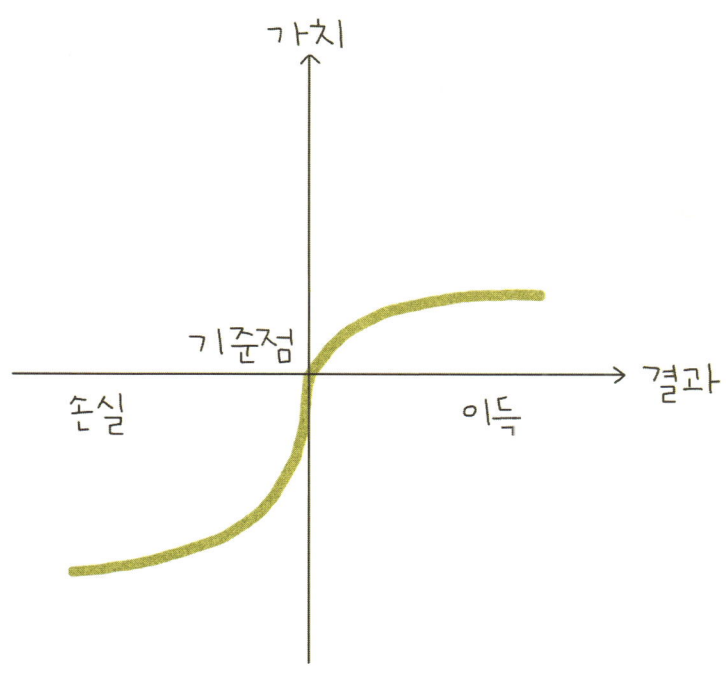

다음 예를 보자. 당신은 다음 두 대안 중 어느 쪽을 선택하겠는가?

- 대안 A: 400만 원을 80퍼센트 확률로 딸 수 있다.
- 대안 B: 300만 원을 확실하게 받을 수 있다.

카너먼과 트버스키의 실험에서 80퍼센트의 사람들이 대안 B를 선택했다. 기대 가치가 더 큰 대안 A보다 확실한 대안을 더 선호한 것이다. 대안 A의 기대 가치란 400만 원을 딸 확률이 80퍼센트이므로 평균적으로 320만 원(400만 원×0.8=320만 원)을 따게 된다는 것이다.

또 하나의 예를 보자. 당신은 다음 두 대안 중 어느 쪽을 선택하겠는가?

- 대안 C: 400만 원을 80퍼센트 확률로 잃을 수 있다
- 대안 D: 300만 원을 확실하게 잃는다.

92퍼센트의 사람들이 대안 C를 선택했다. 즉, 확실하게 잃는 대안보다 기대 손실이 크더라도 불확실한 대안인 C를 더 선호한 것이다. 대안 C의 기대 손실이란 우리가 400만 원을 잃을 확률이 80퍼센트이므로 평균적으로 320만 원(400만 원×0.8=320만 원)을 잃게 된다는 것이다.

이처럼 사람들이 판단을 내리는 데 기준점이 얼마나 중요한지 생

각해 보자. 같은 문제를 어떤 방법으로 제시하는가에 따라 사람들은 이득으로 인식할 수도 있고 손실로 인식할 수도 있다. 소고기 판매자가 지방이나 살코기의 비율을 표시해야 한다고 가정하자. 지방이 30퍼센트(그러니까 살코기가 70퍼센트)인 고기를 표시하는 방법은 다음과 같이 두 가지가 있다.

(1) 우리 소고기는 살코기가 70퍼센트입니다.
(2) 우리 소고기는 지방이 30퍼센트입니다.

당신은 (1)과 (2) 중 어떤 방법을 쓰겠는가? (1)의 경우 사람들은 살코기 0퍼센트를 기준점으로 보아 살코기가 70퍼센트나 더 많아 좋은 고기라고 생각할 것이다. (2)의 경우 사람들은 지방 0퍼센트를 기준점으로 보아 지방이 30퍼센트나 더 많아 좋지 않은 고기라고 생각할 것이다.

데이트할 때도 기준을 어떻게 설정하는지에 따라서 같은 행동이 이득으로 보일 수도 있고 아닐 수도 있다. 당신의 집과 반대 방향에 있는 그녀의 집까지 바래다주는 일이 늘 당연한 것이 되어서는 곤란하다. 이렇게 실험해 보라.

어느 날 데이트 시작부터 몸이 안 좋다고 강조하고는 오늘은 도저히 안 되겠으니 바래다주기 어려운데 괜찮겠냐고 물어라. 당연히 여자 친구는 당신의 건강을 염려해 바래다주지 않아도 된다고 할 것이다. 헤어질 때 안녕, 작별 인사를 한 다음 갑자기 그녀가 타는 버스나 전철에 함께 승차하라. 승용차라면 그녀의 집 쪽으로 향하라. 이런 말과 함께.

"도저히 걱정되어서 집까지 바래다주지 않으면 오히려 몸이 더 안 좋아질 것 같아."

당신의 지극 정성을 느낀 그녀의 마음속에서는 당신을 향한 호감이 샘솟을 것이다. 남성과 여성이 번갈아 가면서 데이트 비용을 내는 경우 자신이 낼 차례에 돈을 내는 것은 금액이 많든 적든 상대방에게 이득으로 보이지 않는다. 그러나 어느 날 그녀가 낼 차례가 되었을 때 금액이 많으니 순서를 바꾸자고 제안하고 당신이 돈을 내면 이는 그녀에게 이득의 영역으로 인식된다.

고가의 예물 시계 업체는 예비부부가 오면 이렇게 응대한다고 한다. 일단 시계에 쓸 예산을 물어본 다음 그 예산보다 더 비싼 시계를 보여 준다. 예비부부는 시계가 좋아 보이지만 예산 때문에 당혹스럽다. 이때 시계 품질로는 별 차이가 없다고 하면서 예산 범위 내에 있는 시계를 꺼내 놓는다. 시계 자체로는 여전히 비싸지만 처음에 본 시계와 비교해 보면 저렴한 가격대이고 그만큼 이득을 얻는 것처럼 보이므로 예비부부는 쉽게 구매한다고 한다.

팀장 또는 부장에게 당신의 실적을 내보일 때도 이득의 영역으로 판단되도록 해야 한다. 당신의 실적을 덮어 놓고 잘했다고 할 것이 아니라 어떤 비교 기준에서 어느 정도 더 달성했는지를 보여 주는 것이

기준점을 넘어 마음을 움직여라

사람들은 기준점을 넘어서는 부분은 이득으로,
미달하는 부분은 손실로 간주한다.
그러므로 데이트에서 당신이 하는 행동들이
그녀에게 이득으로 보일 수 있도록 기준을 설정하라.

다. 그러니까 목표보다 더 많이 했다든지 사내 평균보다 또는 경쟁업체 평균보다 더 많이 했다든지 적합한 비교 기준을 찾아서 이득의 영역으로 보이도록 제시하는 것이 중요하다.

은행 지점이나 대리점은 어떤 입지에 있는지에 따라 실적에 큰 영향을 받기 마련이다. 이 경우 비교가 되는 기준을 어느 지점이나 대리점으로 설정하는지에 따라 평가 결과가 달라진다. 당신이 열심히 노력해 좋은 실적을 내는 것도 중요하지만 당신의 실적과 비교할 목표나 경쟁자를 잘 선정하는 것도 그에 못지않게 중요하다.

데이트할 때 당신이 하는 행동이 단순하게 보이기보다는 상대방에게 이득이 되는 모습으로 보이면 그만큼 더 호감을 살 수 있다. 상대방은 나름의 기준으로 당신의 행동을 이득 또는 손실이라고 판단한다. 그 사람을 만나서 차를 마시고 영화를 보고 집에 바래다주기까지의 모든 활동에서 기준을 어떻게 설정하는가에 따라 그 사람에게 이득으로 보이기도 하고 손실로 보일 수도 있다는 점을 명심하라.

4
장점은 나누고
단점을 합쳐라

전망 이론의 또 하나 중요한 점은 이득이 커지면 그에 대한 가치도 커진다는 것이다. 그런데 이득이 커지면 가치의 증가율은 떨어진다. 따라서 한 번에 200만 원을 버는 것에 비해 두 번에 나누어서 100만 원씩 벌 때 그 가치의 합이 더 크다는 것이다. 이는 무엇을 뜻하는가? 당신이 부서를 위해 또는 회사를 위해 낸 실적을 생각해 보자.

이를테면 자원개발 회사에서 당신이 제안한 어떤 프로젝트가 수익을 낸다고 하자. 연말에 한 번 실적이 얼마인지 제시하기보다는 분기별로 또는 월별로 실적을 제시할 때 당신 프로젝트의 가치를 더욱 높게 인식한다는 것이다.

당신이 외국 출장을 가서 여자 친구에게 선물할 목걸이와 스카프와 지갑을 샀다고 하자. 사랑스러운 그녀를 생각하면 한 번에 이 세 가지 선물을 몽땅 안겨 주고 감동하는 모습을 보고 싶을 것이다. 이

때 반드시 전망 이론을 기억하라. 귀국 다음 날 만나서 목걸이를 주고, 그녀의 생일에 스카프를 주고, 크리스마스에 지갑을 선물하라. 그래야만 그녀가 받는 가치의 합이 더 커진다.

이득의 경우와 마찬가지로 손실이 커질 때 그에 대한 마이너스의 가치는 증가하되, 손실이 클수록 그 증가율은 감소한다. 손실이 나뉘어서 발생하면 마이너스 가치의 합이 더 크기 때문에 이득의 경우와는 반대로 하나로 합하는 것이 더 유리하다. 연속으로 두 번 100만 원씩 손해 볼 때가 한 번에 200만 원을 손해 보는 것에 비해 마이너스 가치가 더 크다는 것이다.

이것의 의미는 무엇인가? 당신이 제안한 프로젝트가 손실을 내고 있다면 가능하면 회기 말에 한꺼번에 보고하는 것이 당신의 프로젝트 손실을 적어 보이게 하는 방법이다. 당신이 외국으로 여행을 가서 호텔에 3박을 하게 됐다. 계산은 호텔을 떠나는 날 한꺼번에 하게 되어 있다. 세계 어느 호텔도 매일 방값을 계산하지 않는다. 당신이 호텔 내 식당에서 식사하면 그 자리에서 밥값을 계산하지 않고 방 번호만 말해 주면 된다. 바에서 술을 마셔도 마찬가지다. 방값과 합쳐서 한꺼번에 내게 하기 위해서다. 전망 이론에 의하면 그래야 손님들이 비용을 더 적게 느낀다는 것이다.

데이트를 하다 보면 상대방에게 잔소리 하게 될 때가 있다. 상대방이 약속 시간에 늦게 나타난다거나, 생각이라고는 없는 사람처럼 무심하게 상처 주는 말을 한다거나, 예정에도 없이 친구들을 데이트에 데려와 분위기를 깬다거나, 중요한 날을 까맣게 잊어버리거나 할 때 특히 그렇다. 길거리에서도 가끔 연인들이 싸우는 모습을 목격하게 되는데, 사실 오랫동안 서로 다른 환경에서 자라온 남녀의 만남이고 보니 서로 잔소리를 할 때가 종종 생긴다. 그런데 잔소리를 듣는 처지에서는 그럴 때마다 기분이 나쁘다. 자신의 잘못을 인정하면서도 기분이 좋지 않은 것이다. 그렇다면 잔소리는 효과가 있을까? 사실 상대방이 잔소리를 듣는데 만성이 되면 기분만 나쁘고 효과는 별로다. 전망 이론에 의하면 좋지 않은 일은 여러 건을 모아서 한 번에 하되 호되게 하라는 것이다.

미국이나 유럽을 여행하면서 뮤지컬을 보러 가거나 오페라 하우스 또는 고급 레스토랑에 가면 연인들의 데이트 장면을 보게 된다. 선진국이지만 중산층 남자들은 우리의 관점에서 볼 때 씀씀이가 검소하다 못해 짜기까지 하다. 슈퍼마켓 쿠폰을 가지고 다니고 물건값을 일일이 점검하면서 장을 본다. 한국 남자들처럼 술값을 혼자서 계산하는 행동은 상상하기 어렵다.

그런데 외국 남자들이 한 번씩 크게 돈을 쓰는 경우가 있다. 아내의 기념일을 맞아 반지나 목걸이를 선물한다든지 추억의 디즈니랜드를 방문한다든지 고급 레스토랑에서 식사할 때 등이 그렇다. 이런 상황에서 그들의 모습을 보면 아주 행복해하고 지나칠 정도로 애정 표현을 많이 한다. 자꾸 '허니' '디어' '달링'을 찾고 '아이 러브 유.' '아이 러브 유 투.'를 외친다. 백화점 매장이나 디즈니랜드에 줄을 서 있

선물 보따리, 비용 덩어리

선물 보따리는 한 번에 하나씩 풀고, 비용 보따리는 몽땅 합쳐서 한 번에 푸는 것이 좋다. 그래야만 선물의 가치는 더 크게 보이고, 비용의 가치는 더 작게 보인다.

으면서 쉽게 볼 수 있는 모습이다. 무엇이 그리도 좋은지 연신 '엑설런트!' '그레이트!' '판타스틱!'과 같은 감탄을 쏟아 놓는다. 서양의 연인이나 부부는 서로에게 칭찬과 호감을 표현하는 데 인색하지 않다. 사랑의 표현을 자주, 풍성하게 한다는 점에서 그들은 전망 이론을 훨씬 충실하게 실행하는 셈이다.

이득은 한 번에 여러 가지를 제시할 때보다 한 번에 하나씩 제시할 때 그 합의 가치가 더 크게 인식된다. 연인에게 종합 선물 세트처럼 여러 가지 선물을 한 번에 주면 그 기쁨이 매우 커서 다음 기념일에는 아무것도 안 해주어도 되리라는 생각은 착각이다. 기념일마다 하나씩 선물해야 그 합의 가치가 더 크다는 것을 기억하라.

반대로 비용이 들어가는 일이나, 좋지 않은 일은 한 번에 하나씩 제시하는 것보다 여러 가지를 묶어서 한 번에 제시할 때 그 합이 더 작게 인식된다. 당신의 잘못을 고백해야 한다면 상대방이 기분 좋은 날을 선택해 몇 가지를 모아서 한 번에 터뜨리고 수습하는 것이 좋다.

5
생생한 긍정 사례로 당신을 각인시켜라

통계학에 대수의 법칙Law of Large Numbers이란 것이 있다. 여론조사 기관이 선거를 앞두고 여론조사를 한다든지, 기업이 시장조사를 할 때 큰 모집단을 전부 조사하기는 어렵다. 그래서 모집단의 구성원 일부를 표본조사 하게 된다.

예를 들어 한국 20대 남성의 평균 키를 조사할 때, 대개 수백 명 정도를 표본조사 해서 나오는 표본평균으로 모평균(평균값)을 추정한다. 이때 표본의 크기가 클수록 표본평균이 모평균에 가까이 다가간다. 따라서 정확한 추정이 필요할수록 더 큰 표본조사가 요구된다.

우리가 주변을 판단하는 것도 사실 일부 경험을 토대로 모집단에 대해 추정하는 것이다. 사람들이 말하는 주장들을 예로 생각해 보자.

- 요즘 젊은 여자들은 적어도 1/4 이상 성형 수술을 한다.
- 대학생은 대부분 진보적 성향을 가지고 있다.
- 개미 투자자는 대부분 주식 투자에서 손실을 본다.

이런 주장은 주변의 일부 젊은 여자, 일부 대학생, 일부 개인 투자자에 대한 관찰을 토대로 나온 것이다. 이런 주장이 모집단의 모평균을 제대로 반영하기 위해서는 대수의 법칙을 따라야 한다. 다수를 관찰해 모평균을 추정하는 것이다.

그러나 많은 사람이 이런 판단을 하는 데 있어서 오류에 빠진다. 연구에 따르면 사람들은 대수의 법칙이 아니라 '소수의 법칙Law of Small Numbers'에 따라 모집단 모수를 추정하는 경향이 있다고 한다. 무슨 말인가 하면 사람들이 판단하는 데 있어서 소수의 생생한 경험이 많은 영향을 미친다는 것이다. 비행기를 타는 것은 위험한가? 자동차를 모는 것보다 더 위험한가? 국제항공운송협회IATA의 보고서 내용을 보자.[20]

IATA 보고서를 보면 2009년도 항공기 사고율이 비행 140만 회에 1회였다고 한다. 2009년 1년간의 비행 회수는 제트기가 2,700만 회, 터보프롭Turboprop기 800만 회로 모두 3,500만 회 비행에서 23억 명을 실어 날랐다. 전체 항공기 사고 건수는 90건, 이 중 사망사고는 18건, 사망자 수는 685명이었다.

다음은 자동차 사고 통계를 살펴보자. 2009년 발간된 「OECD 회원국 교통사고 비교서」에 따르면 우리나라와 일본이 '자동차 1만 대당 교통사고 발생률 부문'에서 1위와 2위를 기록한 것으로 나타났다.[21] 경찰청 교통사고 발생 현황에 따르면 2010년 교통사고 22만 6,878건이고 사망자는 5,505명이다.[22]

자동차의 운항 횟수에 따른 사고율 통계가 없어서 정확한 비교는 어렵다. 하지만 항공기 사고율이 140만 회당 1건이라는 것은 0.00007퍼센트의 확률로 매우 낮다. 사망자 수로 보더라도 항공기는 2009년 전 세계 사망자 수가 685명인데 반해 자동차는 2010년 우리나라만 5,505명이다. 그러니까 사망자 수로 볼 때 비행기가 자동차보다 훨씬 안전하다고 할 수 있다.

그런데 왜 사람들은 비행기를 타는 것이 더 위험하다고 생각할까? 여객기가 사고로 추락하는 경우 탑승자 대다수가 사망하고 이런 비극적 사고가 있는 경우 언론에 크게 보도되기 때문이다. 그래서 사람들에게 너무나도 생생한 사례가 되고 오랫동안 선명한 기억으로 남는다.

소수 법칙이 주는 시사점은 무엇일까? 클린턴 전 미국 대통령에 대해 우리가 기억하는 것은 무엇일까? 클린턴은 아칸소 주의 시골 동네에서 태어났고 유명한 온천 휴양 도시이면서 도박이 성행한 핫스프링스에서 자랐다. 외판원이었던 그의 생부는 클린턴이 태어나기 석 달 전에 자동차 사고로 세상을 떠났다. 클린턴은 외조부모 밑에서 자랐다. 그는 그리 유복하지 않은 어린 시절을 보냈지만, 훌륭하게 성장해 정치에 특히 관심을 보이면서 조지타운 대학과 예일 대학에서 법학을 공부했다.

그는 1978년 불과 32세의 나이로 아칸소 주 주지사로 선출되어 당시 미국 최연소 주지사가 됐다. 이후 1986년부터 1992년 대통령에 당선될 때까지 아칸소 주의 주지사를 연임했다. 클린턴은 1992년 대통령 선거에서 국내 문제에 집중해 현직 대통령인 조지 부시와 무소속 후보인 로스 페로를 꺾었다. 이 선거에서 그는 "바보야, 문제는 경제야It's the economy, stupid!"라는 캠페인 아래 불경기에 대한 해결 방안을 제시하면서 승리를 거머쥐었다. 클린턴은 재선에도 성공해 프랭클린 루스벨트 이후 두 번의 임기를 모두 채운 첫 번째 민주당 대통령으로 기록됐다.

클린턴은 재직 시 정보기술을 활용한 전자정부의 구현을 통해 공무원을 30만 명 이상 감축하는 성과를 거두었다. 1991년부터 시작해 1990년대 내내 경제 호황을 이끌었다. 그러나 클린턴은 여러 건의 여자 관련 추문으로 수모를 겪었다. 특히 1998년 특검 검사 케네스 스타의 집요한 추적으로 모니카 르윈스키 사건이 밝혀져 탄핵 직전까지 몰리기도 했다. 특검 검사가 조사를 진행하면서 클린턴과 르윈스키는 언론의 집중적인 조명을 받았다. 르윈스키 스캔들은 그 영향이 커서 오늘날까지 클린턴의 업적을 가리는 생생한 정보로 작용하고 있다. 클린턴이 재선에 성공했고 재임 시 미국 경제를 양호하게 이끌었으며 외교에도 별 무리 없이 국제 평화를 유지하는 등 여러 업무를 잘 수행했음에도 우리가 가장 뚜렷하게 기억하는 것은 '르윈스키 스캔들'이다. 구글에 클린턴이라고 검색하면 '클린턴' '클린턴 스캔들' '클린턴 르윈스키'의 순으로 주제어가 뜬다.

생생한 정보만이 오랫동안 기억되고 영향력을 가지는 것은 연인과의 관계에서도 마찬가지다. 지금 만나고 있는 상대는 당신의 어떤 점을 중시하며 당신을 어떤 사람이라고 생각할까? 역시 생생한 사례가 큰 영향을 준다.

예를 들어 여름철 장마에 큰비가 오고 그녀의 집도 침수 위험에 처했다고 하자. 이런 때 힘깨나 쓰는 친구 몇몇을 데리고 가 여자 친구와 그녀의 집을 위해 성의껏 돕는다면 어떻게 될까? 그녀는 평소 당신이 이기적으로 굴었던 모든 것을 다 잊고 당신을 매우 믿음직한 사람으로 생각하게 될 것이다.

나는 반대 사례를 본 적이 있다. 1970년대 후반 내가 대학생일 때 시골에서 있었던 일이다. 깔끔하고 귀여운 인상에 다정다감하기까지 해서 여성들에게 인기 있는 후배가 있었다. 후배는 친구 몇 명과 여자 친구와 함께 어울려 유원지에 놀러 갔다. 이 후배만 여자 친구와 함께 간 셈이다. 제법 넓은 보트장에서 보트를 탔는데 친구들은 친구들대로, 후배는 여자 친구와 함께 보트를 탔다. 그런데 장난을 치다가 그만 보트가 뒤집어지는 사고가 일어났다. 그런데 안타깝게도 후배는 수영을 전혀 하지 못했다. 여자 친구를 돌볼 틈은커녕 살기 위해 발버둥을 치다가 그만 여자 친구에게 발길질을 하고 말았다. 주위에 친구들이 있어서 어찌어찌해 둘 다 무사히 물 밖으로 나오긴 했는데, 문제는 그때부터였다. 여자 친구의 한쪽 눈두덩이 부풀어 올랐다.

자신은 전혀 기억이 없지만 여자 친구는 생생히 기억한다고 했다. 남자 친구가 자신만 살기 위해 내지른 발길질을 말이다. 그 길로 둘은 헤어졌다가 1년 후쯤인가 다시 만났다고 하는데, 그동안 했던 남자 친구의 따뜻한 말과 행동은 깨끗하게 사라지고 그녀가 기억하는 것은 오직 '그 이기적인 발길질 한 방'이었다. 후배는 너무나 억울했지만 그것이 미필적 고의라는 변명은 결코 할 수 없었다.

당신이 몸담은 회사의 사장, 부사장 혹은 팀장은 어떤 일을 기억하고 있을까? 회사 대리점 중 실적이 늘 꼴찌인 대리점을 예로 들어 보자. 물론 상권이 열등한 입지에 있다든지 경쟁이 치열하다든지 등의 이유가 있을 것이다. 당신이 이 대리점을 맡아서 올해 실적이 사내 5위에 든다면 사장에게 생생한 사례로 기억될 것이다. 그동안 눈에 띄지 않던 여러 가지 일들은 묻히고 당신에 대해서는 이 뛰어난 업적이 주로 거론될 것이다.

친구나 주위 사람들은 당신과 관련해 생생한 사례만을 기억하고 떠올린다. 당신이 평소 잘 대해 주지 못했더라도 친구나 고객이 역경에 처했을 때 또는 특수한 상황에 있을 때 기억에 남을 만한 일을 한 건만 해도 그 친구나 고객에게 오래오래 고마운 사람으로, 나를 도와주는 사람으로 기억될 것이다. 소비자에게 무조건 물건을 팔려고

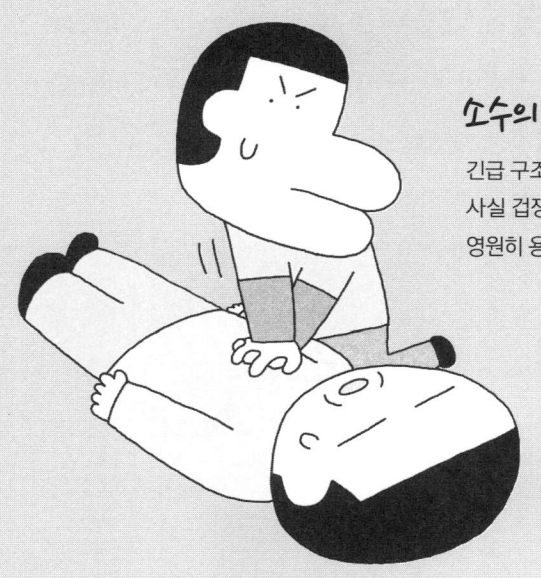

소수의 법칙은 기회다

긴급 구조 같은 생생한 경험은
사실 겁쟁이인 당신을
영원히 용감한 사람으로 기억하게 할 수 있다.

만 하지 않고 소비자에게 필요한 제품만을 권하는 소수 가게로 인지되면 그 소비자는 스스로 평생토록 그 가게만 애용하는 충성 고객이 될 것이다.

> 6

곁에 있는 사람에 따라
당신의 호감도가 달라진다

프랑스에서는 삶은 개구리 증후군Boiled Frog Syndrome이라는 표현을 종종 사용한다. 개구리 요리를 할 때 개구리가 좋아하는 온도인 15도의 냄비에 개구리를 넣고 서서히 온도를 높여 40도에 이르면 개구리가 삶아진다. 처음부터 너무 뜨거운 물에 개구리를 넣으면 개구리는 냄비를 뛰쳐나오지만, 적당한 온도에서 시작해 조금씩 열을 가하면 개구리는 온도의 변화를 느끼지 못하고 삶아지는 것이다.

실제로 사우나에 가면 우리도 이와 비슷한 경험을 한다. 온탕에 어느 정도 적응한 다음 열탕으로 가면 웬만큼 견딜 수 있다. 하지만 처음부터 열탕에 들어가면 너무 뜨거워서 견디기가 어렵다. 냉탕에 있다가 바로 열탕으로 들어가면 얼마나 뜨거운가? 열탕에 있다가 곧바로 냉탕으로 들어가는 것도 마찬가지다. 튼튼한 심장이 아니면 심장마비의 위험이 있다.

환절기에 더욱 춥게 또는 덥게 느끼는 것도 같은 맥락에서 해석할 수 있다. 여름 늦더위가 지속 되다가 어느 날 아침 서늘해지면 실제보다 더 차갑게 느껴지고, 겨울 추위가 맹위를 떨치다가 봄기운이 돌기 시작할 때는 실제보다 더 따뜻하게 느껴진다.

우리가 감지할 수 있는 변화에는 상한과 하한이 있으며 이 사이의 변화에 적응하는 것을 동화 수준 이론Adaptation Level Theory이라고 한다. 우리가 이런 약간의 변화에 적응하며 그 차이를 인식하지 못하는 것은 동화 효과Assimilation Effect라고 한다. 점진적인 변화에 쉽게 적응하고 그 차이를 깨닫지 못하는 것은 이 동화 효과 때문이다.

반면 큰 변화에 실제보다 그 차이를 더 크게 느끼는 것을 대조 효과Contrast Effect라고 한다. 서커스단의 거인 옆에 서 있는 키 작은 사람이 실제보다 더 작아 보이는 것은 바로 이 대조 효과 때문이다. 과거 주로 맞선을 봐서 결혼하던 시절에는 언니가 맞선 보는 자리에 다른 자매가 눈에 띄지 않도록 하는 것이 하나의 불문율이었다. 보통 수준의 언니 주변에 더 예쁜 동생이 왔다갔다 한다면 어떤 효과가 나겠는가? 당연히 대조 효과를 통해서 언니가 실제보다 못나 보이지 않겠는가.

사람의 나이를 판단하는 눈에도 문화권에 따라 큰 차이가 난다. 따라서 이런 상황에서는 대조 효과가 더욱 확대된다. 미국인은 덩치가 커서 그런지 대개 우리보다 한참 더 나이가 들어 보인다. 미국 대학에서는 석박사과정 학생은 물론이고 학부생도 어떤 경우 우리 기준으로 보면 40대쯤으로 보이기도 한다.

그들이 볼 때 우리나라 사람은 나이보다 훨씬 어리게 보인다. 아내가 직장 일로 샌프란시스코 인근에 있을 때다. 대학을 졸업한 딸이랑 슈퍼마켓에서 식품과 함께 와인 몇 병을 고른 다음 계산대에 섰다. 계산대의 직원이 신분증을 보여 달라고 했다. 술을 사려면 20세 이상이라야 하는데, 그보다 어리게 보였기 때문이다. 아내는 여권을 차에 둔 터라 일순 당황하면서도 한편으로는 즐거웠다고 한다. 이런 친절한 직원이라니! "차에 있어요. 가지고 올까요? It's in the car. Do you want me to bring it?"라고 말하려는 찰나에 미국 고교생쯤으로 보이는 딸이 어이없어하며 말했다. "우리 엄마거든요. She is my mom." 그러자 그 직원도 아내에게 여기저기 흰머리가 있다는 것을 눈치채고 겸연쩍게 웃었다고 한다.

이성 친구를 만날 때도 마찬가지 대조 효과 원리가 작용한다. 당신 친구 중 제일 잘나가는 친구를 대동하고 나가서 내 친구들의 수준이 이 정도라고 과시하는 것은 위험한 행동이다. 대조 효과에 따라 당신이 덜 매력적으로 보일 가능성이 매우 높기 때문이다. 그냥 친구 사이에서는 당신이 잘 나가는 친구와 같이 나가든, 아주 재미있는 친구와 같이 나가든, 성격 좋은 친구와 같이 나가든 아무 문제 없겠지만, 이성 친구를 만날 때는 조심해야 한다. 삼각관계의 대상은 주로 내 주변에 있는 사람이다. 그러니 「잘못된 만남」이라는 노래도 있는 것이 아니겠는가.

사람들의 호감을 사려면 이 대조 효과를 어떻게 활용해야 할까? 당신이 씻는 것을 싫어하고 좀 지저분한 편이라고 가정하자. 다른 것은 다 좋은데 지저분한 것 때문에 그녀가 아직 좀 꺼리는 편이다. 그렇다면 당신의 친구 중 가장 지저분하게 사는 친구를 한 번 활용하라. 그럴듯한 핑계를 대고 여자 친구와 함께 정말 지저분한 당신 친구의 원룸을 방문하면 그녀는 당신이 참 깨끗한 편이라고 느낄 것이다. 당신이 보수적이고 고리타분하다며 여자 친구가 불평한다고 하자. 그러면 당신 친구 중 가장 모범생인 친구와 당신 커플이 함께 하는 술자리를 만들어 그 모범생에게 특히 고리타분한 이야기를 많이 늘어놓게 하라. 당신이 참 융통성 있는 사람으로 보이게 될 것이다.

취업 인터뷰를 할 때도 대조 효과를 활용할 수 있다. 먼저 그 회사가 원하는 인재 유형을 알아 두라. 회사가 튀는 인재를 원하는가, 무난한 인재를 원하는가? 튀는 인재를 원하는 회사라면 구직자는 대조 효과를 발생시킬 수 있도록 보통 사람들의 의견과 상반되는 의견을 제시하고 그 방향으로 토론을 끌어가야 한다. 대다수 구직자가 제시할 것으로 예상하는 상식적인 의견에 반하는 의견을 제시하고, 상식의 반대 방향으로 가야 한다.

세계적으로 석유 가격이 올라갈 것이라고 예상되는 상황에서 유가 전망에 관한 질문을 받으면 지원자들은 모두 유가 상승 가능성을 내놓고 그 근거를 제시할 것이다. 이때 하락 가능성을 내놓고 그 근거를 제시하면 당연히 튀는 답변이 된다. 튀는 인재를 선호한다면 전망의

대조 효과를 활용하라

그녀에게 호감을 사기 위해 진보적으로 보여야 하는가.
그러면 가장 보수적인 친구에게 부탁해
고리타분한 이야기를 늘어놓게 하라.
면접관이 튀는 사람을 원하는가.
그러면 상식적인 의견과 반대되는 입장을 취하고
그 근거를 열정적으로 제시하라.

타당성보다는 독창적인 견해 그 자체에 더 호감을 느낄 것이다. 반대로 무난한 인재를 원하는 경우라면 상식적인 의견에서 크게 벗어나지 않으면서도 약간 차별화 포인트를 가진 답변이 최선이다.

사람들의 인식은 대조 효과에 큰 영향을 받는다. 중립적인 당신이라도 보수주의자 옆에 가면 진보적으로 보이고, 진보주의자 옆에 가면 보수적으로 보이는 것이다. 필요에 따라 친구를 활용하면 당신에 대한 인식을 변화시킬 수 있다.

7
도움을 요청하면
호감은 덤으로 온다

　사람(A)은 누군가(B)에게 호의를 베풀면 그 사람(B)을 좋아하게 되는 성향이 있다. 왜 그런지 그 이유를 보자. 사람들은 늘 자신의 행동을 정당화하려고 한다. A는 자신이 B를 좋아하기 때문에 B에게 호의를 베푼 것이라고 해석한다는 것이다. 이것이 벤저민 프랭클린 효과다.

　미국 건국의 아버지이자 발명가, 작가, 외교관, 정치가, 음악가 등 여러 면에서 뛰어난 재능을 보인 벤저민 프랭클린. 그도 도저히 이기기 어려운 정계 경쟁자가 있었다고 한다. 프랭클린은 온갖 궁리 끝에 대결보다는 부탁을 택했다. 마침 이 정적은 자기 도서관에 매우 희귀한 책을 가지고 있었다. 그는 이 사실을 알고 그 책을 꼭 보고 싶으니 몇 일간만 빌려 달라고 청했다. 그리고 돌려줄 때 물론 감사의 편지를 전하는 것도 잊지 않았다. 얼마 후 그가 그 정적을 만났을 때 전과 달리 서로 예의를 지킬 수 있었고, 두 사람은 결국 친구가 됐다.

한 번 당신에게 호의를 베푼 사람은 다시 베풀 가능성이 높다. 그 사람은 호의를 베푼 자신의 행동을 정당화하고 싶어 하기 때문이다. 무언가를 부탁한 당신을 좋아해서 처음에 호의를 베풀었다고 생각하면 별 어려움 없이 자신의 행동을 정당화할 수 있다. 호의를 베푼 사람이 그 결과 이제 당신을 긍정적으로 생각하고 당신에게 호감을 느끼게 되었으니 그런 생각과 느낌에 일치하도록 행동할 것이다. 그래서 당신에게 다시 호의를 베풀 가능성이 높다.

데일 카네기는 누군가에게 도움을 청하는 것을 일종의 효과적인 아첨이라고 해석했다. 당신이 주위 사람에게 도움을 청하는 것은 당신이 가지지 못한 무언가를 그 사람이 가지고 있다고 인정하는 아첨의 신호이기 때문이다. 그 무언가는 정보나 지식일 수도 있고 기술이나 돈일 수도 있다. 다른 사람들은 그 누군가를 몰라봤지만 당신은 그 사람이 능력 있는 사람이라는 것을 알아본 것이다. 그래서 당신은 그 사람에게 칭찬과 존경을 보내는 셈이다. 도움을 청하는 것으로 상대방은 자신의 가치를 알아보는 당신을 달리 느끼게 되고 또 도움을 베풀고 싶은 마음이 생긴다. 그리고 결국 호감을 느껴 좋아하게 된다.

어느 성당의 고해성사 때 있었던 일이다.

"신부님, 저는 여자관계가 좀 복잡합니다."

그러자 신부님이 14처 기도(예수께서 사형 선고를 받은 후 십자가를 지고 갈바리아 산까지 가는 중에 일어났던 열네 가지 중요한 사건을 표현한 성화 또는 조각

14처를 하나하나 지나면서 예수님의 수난과 죽음을 묵상하며 바치는 기도. 마음이 복잡하고 괴로울 때 위로를 받을 수 있다.)를 하라고 했다. 다음 고해성사 때 그 청년이 다시 찾아와 아직 여자 친구 문제로 헤매고 있다고 했다.

"여자관계가 아직 해결되지 못했습니다."

그 후로 신부님이 기회만 있으면 청년에게 말을 거는데, 청년이 느끼기에 그것이 여자 문제를 잘 해결하라고 은근슬쩍 압박하는 것이기도 하면서 또 한편으로는 신부님이 자신을 더 배려해 주는 것으로 느껴져서 청년은 결국 여자 문제를 깔끔하게 해결했다고 한다.

이 얼마나 아름다운 원리인가? 주위에 당신이 좋아하는 사람이 있는가? 어떻게 하면 저 사람이 나를 좋아하게 할까 하는 문제로 고민한다면 그 사람에게 무언가 도움을 청하라.

당신이 신입생으로 대학에 입학해 어떤 동아리에 가입했다고 하자. 그 동아리에 두세 번 나가 보니 마음에 꼭 드는 이성이 있는 게 아닌가. 이때 어떻게 접근하는 것이 좋을까? 벤저민 프랭클린 효과에 의하면 은근슬쩍 개인적인 도움을 요청하면 된다. 상대방이 그 요청을 들어 줌으로써 자신이 도움을 청한 사람에게 호의를 베풀었다는 사실을 인식해야 하므로 너무 쉽고 사소한 요청은 안 된다. 그렇다고 큰 도움을 요청하면 의아해할 것이니 너무 작은 것과 큰 것의 중간 정도는 되어야 한다.

예를 들어 그 사람이 스마트폰이나 PC, 디지털카메라 같은 전자기기에 능한 사람이라면 PC 업그레이드나 디지털카메라 성능 비교에

도움을 요청하며 호감을 사라

호감을 사고 싶은 사람에게
가벼운 도움을 요청하라.
그 사람은 도움을 주고 난 다음
당신을 좋아해서 도와준 것이라고
해석할 테고,
자신의 가치를 알아본 당신에게
호감을 가질 것이다.

대해 도움을 청하라. 아르바이트 정보나 자신이 수강하는 강의의 노트를 빌리는 것도 생각할 수 있다. 실험을 자주 하는 이공계 대학원생들 사이에서 자주 일어나는 일이 있다. 본인의 실험과는 전혀 관계가 없는 실험임에도 사귀고 싶은 이성에게 온갖 이유를 대면서 굳이 실험 기술을 배우는 친구들이 있다. 실험을 가르쳐 주면서 상대방을 경계하는 경우는 거의 없으므로 은근슬쩍 호감을 살 기회를 만드는 것이다.

　호감을 사고 싶은 사람이 주위에 있는데 마땅한 방법이 없는 경우 그 사람에게 가벼운 도움을 요청하라. 그 사람은 도움을 준 이유가 당신을 좋아하기 때문이라고 해석할 가능성이 높다. 또한 그 사람은 자신의 가치를 알아본 당신에게 호감을 느껴 도움을 주고 싶은 마음이 생길 것이다.

8

발 들여 놓기 기법으로
결속감을 다져라

심리학에 '발 들여 놓기Foot in the Door(FITD)' 기법이 있다. 쉽게 말해 한 발 먼저 들여 놓기 전략이라고 할 수 있다. 먼저 한 발을 들여 놓으면 집안으로 들어갈 수 있도록 허락받기가 쉬워진다는 것이다. 상대방에게 먼저 작은 요청을 해서 승낙을 받음으로써 다음 큰 요청을 승낙하도록 유도하는 기법이다.

사람이란 작은 요청이나 약속을 수차례 들어 주면 그 방향으로 태도나 행동 변화가 일어나고 결국 큰 요청을 들어줄 의무감을 느낀다고 한다. 먼저 작은 예스를 받은 다음에 큰 예스를 얻는 것이다.

왜 이런 효과가 나타날까? 여기에는 여러 가지 설명이 있다.

첫째, 요청을 받은 자가 승낙한 자신의 행동을 정당화하는 과정에 초점을 맞춘 설명이다. A가 B의 작은 요청을 한 번 들어 준다. A는 B가 요청한 사안이 본인에게 중요한 것이 아님에도 B의 요청을 들어

준 자신의 행동을 정당화하고자 자신이 B를 좋아한다고 생각한다. 혹은 B가 요청한 사안에 원래 관심이 있었다고 정당화한다.

여기에 작동하는 원칙은 요청을 들어 주는 사람(A)과 요청을 하는 사람(B) 사이의 결속을 만든다는 것이다. 다음에 B가 또 다른 요구를 하거나 더 큰 요구를 하면 A는 이전에 자신이 생각했던 정당화에 일관성 있게 승낙하게 된다.

둘째, 자기 지각 이론Self Perception Theory에 따른 설명으로 첫째 요구에 따른 자신의 행동을 보고 자신은 남의 요구에 응하고 남을 배려하는 사람이며 사회 정의에 응하는 사람이라고 생각하게 된다. 이런 자신에 대한 지각 때문에 두 번째 요구에도 응하게 된다는 것이다.

발들여 놓기 기법의 효과에 대해서는 이미 여러 실험을 통해 밝혀졌고, 특히 요구가 친 사회적일 때 더 잘 적용된다고 한다.

프리맨과 프레이저Freeman and Fraser[23]의 실험을 보자. 그들은 캘리포니아 주민에게 '안전 운전을 하자'는 청원서에 사인하거나 그 내용을 담은 작은 카드를 자기 집 창에 부착하도록 요청했다. 약 2주 후에 같은 사람들에게 '안전 운전을 하자'가 적힌 대형 입간판을 자기 집 뜰에 세우도록 요청했다. 처음의 작은 요구에 응한 사람들의 대다수(76퍼센트)가 두 번째의 큰 요구에도 응했다. 첫 번째 요구 없이 두 번째 요구만 했던 집단의 승낙 비율이 17퍼센트인 것에 비교하면 FITD 효과가 크게 작용했다는 것을 알 수 있다.

두 번째 요구가 첫째 요구와 무관한 것이 아니라 첫째 요구의 연장일 때 FITD 기법의 효과가 크게 나타났다. 프리맨과 프레이저의 실험에서 '안전 운전을 하자'는 대형 입간판을 정원에 세우자고 하는 두 번째 요청은 동일 내용의 소형 카드를 창문에 투착하자는 첫 번째 요구의 연장이다. 그에 비해 '캘리포니아를 아름답게 유지하자'는 내용의 소형 카드를 창문에 부착하자는 첫 번째 요구를 하고 두 번째 요구로 '안전 운전을 하자'는 대형 입간판을 정원에 세우자고 하는 경우 첫째 요구와 둘째 요구는 연관성이 없다. 연관성이 있는 경우가 없는 경우에 비해 승낙 비율이 높게 나타났다고 한다.

그리고 요구받는 사람이 지지할 가능성이 높은 이타적인 행동일 때 발 들여 놓기 기법의 효과가 크게 나타난다. 가령 장기 기증, 불우 이웃 돕기, 환경 보호 캠페인 등과 같이 그 목적이 이타적일 때 요구를 수락할 가능성이 높다. 실험 사례를 보면 사람들에게 장기 기증에 관한 간단한 설문조사에 참가하도록 요청하고, 설문조사 참가자들을 대상으로 장기 기증 약정을 요청한다고 하자. 설문조사 없이 장기 기증 약정을 요청하는 경우에 비해 약정 의향이 더 높게 나타났다.[24]

비슷한 맥락에서 사람들에게 시간을 묻거나 길을 물은 다음 대답한 사람들에게 소액의 돈을 달라고 요구하면 먼저 시간이나 길을 물어보지 않고 돈만 요구하는 경우에 비해 승낙 비율이 43퍼센트 대 28퍼센트로 더 높게 나타났다.[25]

그렇다면 발 들여 놓기 원리가 사람 간의 관계에는 어떤 의미가 있

발 들여 놓기 기법으로 시작하라

이런저런 작은 요구들을 통해 친밀감을 쌓은 다음 큰 요구를 하면 성사 가능성이 높다.

는가? 사귀고 싶은 여학생에게 어떻게 결속 또는 연대감을 만들까 고민된다면 바로 이때 발 들여 놓기 기법을 응용하라. 우선 상대방이 들어 주기 쉬운 요구를 여러 번 하는 것이다. 마음에 드는 상대방에게 전화를 빌려 쓴다거나 메모지를 한 장 얻는다거나 동전 하나를 꾼다거나 하는 등의 작은 요구를 하고 그 보답으로 식당에서 같이 점심을 먹자는 발전된 요구를 하는 식이다.

　보험 상품을 구입한 사람은 이런 경험이 있을 것이다. 보험 사원이 방문하면서 대개 처음에는 직접 구매 권유를 하지 않는다. 그냥 명함을 전하고 인사하거나 안내문을 놓고 가거나 상품 설명을 하는 등의 작은 요구들을 거친다. 그래서 고객과 어느 정도 친숙해지고 호의를 확보한 다음 상세한 상품 설명을 하고 구매 권유를 한다. 그때가 많은 고객이 거절하기 어려워하는 바로 그 시점이다.

> 9

애교 있는 실수는
인간미를 더한다

　주위에 유독 친근감이 느껴지는 사람이 있는가? 있다면 그는 실력이 출중하고 매사에 빈틈없는 사람인가, 아니면 어처구니없는 실수를 가끔 하는 사람인가? 실수 효과 Pratfall Effect에 대해 살펴보자.

　유능한 사람이 실수를 저지르면 오히려 더 매력적으로 보이고, 반대로 무능한 사람이 실수를 저지르면 매력은 더욱 감소한다. 매사에 빈틈이 없고 실수를 하지 않는 사람은 신뢰할 수 있지만 '비인간적으로' 보이기 때문에 접근하기 어렵다. 반대로 평소 유능한 데 어떤 자리에서 허둥대는 모습을 보이거나 실수를 하는 장면을 보였을 때 훨씬 더 매력적으로 느껴진다. 실수하지 않는 완벽한 사람은 위협적으로 다가오고, 허점이 있는 사람은 더 안전하고 좋아할 수 있는 사람으로 보이는 것이다.

　영국 총리 처칠은 빼어난 말솜씨로 많은 명연설을 했고 재기 넘치는 조크를 많이 남겼다. 그가 제2차 세계대전 초기 미국의 원조를 얻기 위해 루스벨트 대통령을 만나러 갔을 때의 일이다. 숙소에서 목욕한 뒤 수건만 두르고 있는 처칠의 앞에 루스벨트 대통령이 예고도 없이 불쑥 나타났다. 그 순간 몸을 일으키던 처칠의 허리에서 수건이 스르르 흘러 내렸다. 정장의 루스벨트 대통령과 알몸의 처칠 수상. 참으로 기묘한 장면이 연출됐다. 처칠은 잠시 당황했지만 여유를 되찾으며 다음과 같이 말했다.

"보시다시피 영국의 총리는 미국의 대통령에게 숨길 것이라고는 아무것도 없습니다."

우리는 광저우 아시안게임 수영에서 금메달을 딴 얼짱 스타 정다래를 기억한다. 많은 사람에게 웃음을 안겨 주었던 것은 기자 회견에서 앞으로의 계획을 묻는 기자의 질문에 대한 답변이다.

"아직 아시안게임이 다 끝난 게 아니라서 잘 모르겠어요. 좀 쉬고, 일단 쉽시다!"

이 한마디 대답으로 그녀는 기자 회견장을 웃음바다로 만들었고 4차원 소녀라는 별명도 얻었다.

박지성과 김연아가 서울 G20 정상회의 홍보대사로서 홍보 동영상을 촬영하게 되었는데, 발음이 꼬이거나 웃음을 참지 못해 NG를 내는 등 경기장에서 보여 주던 완벽한 모습과는 다른 인간적인 모습으로 팬들에게 즐거움을 선사했다고 한다.[26] 박지성과 김연아는 실수에 대처하는 데도 각기 두 사람의 평소 스타일을 내보여 사람들의 눈길을 끌었다. 매사 성실하고 조용한 성격으로 알려진 박지성은 "앞으로 서울 G20 서밋"이라고 말하던 중 발음이 꼬이자 혀를 내밀거나 "어휴……"와 "아……" 등의 탄식 섞인 말을 연발하는 등 경기장에서 볼 수 없는 귀여운 모습을 보였다. 반면 김연아는 "저 김연아와 함께하는 G20"이라는 말을 하면서 말을 버벅거리자 호탕한 웃음으로 실수를 모면해 현장 분위기를 화기애애하게 만들었다고 한다. 동영상을 본 네티즌들은 대부분 경기장과 은반 위에서 완벽한 실력을 보여 주던 두 선수의 실수 장면을 보니 오히려 인간적인 매력을 느낄 수 있어서 좋았다는 반응이었다.

심리학자인 아론슨Aronson과 그의 동료는 실험을 통해 실수 효과를 보여 주었다. 실험에 참여한 사람들에게 '네 사람이 출연해서 퀴즈에 답하는 상황'을 녹음으로 들려준다.[27] 출연한 네 사람은 다음과 같다.

A: 유능한 사람-커피잔을 엎는 실수를 한다.
B: 유능한 사람-실수를 하지 않는다.
C: 유능하지 않은 사람-커피 잔을 엎는 실수를 한다.
D: 유능하지 않은 사람-실수를 하지 않는다.

실험 결과 우리가 예상하듯이 A, B가 C, D보다 더 매력적이라고 평가받았다. 그리고 A, B 중에는 A가 더 매력적이라는 평가를 받았다.

실수를 두려워 말라

당신이 평소 근면성실한 사람이라면
가끔 하는 실수는 매력 요소다.

살면서 일부러 실수할 필요는 없지만 저지른 실수에 대해 무조건 허탈해하거나 실망할 필요도 없다. 열심히 살면서 능력을 인정받는 사람이 실수를 할 경우 오히려 사람들은 그에게 친밀감과 호감을 느낀다. 물론 자기 능력에 의심을 받는 상황에서 실수를 저지르면 당연히 매력이 감소한다는 점을 주의해야 한다.

6장

관계의 달인이 되기까지

이 책은 지금까지 호감을 사기 위해 기본적으로 어떤 태도를 보여야 할지 소개하고, 처음 만나는 순간의 바람직한 행동과 상대방에 대한 이해를 증진하는 방법, 배려와 노력을 통해 인기를 얻는 방법, 그리고 인기몰이의 다양한 기법들을 논의했다. 이제 상대방과 호감을 주고받으면서 호감을 유지하는 방법에 대해 생각해 보자.

가족이나 친구, 직장 동료를 비롯해 주위 사람들과 서로 호감을 주고받는 관계를 유지하는 것은 누구도 아닌 자기 스스로 만들어 가야 하는 일이다. 당신이 사랑을 주는 만큼 상대방도 당신을 사랑할 터이니 누가 더 많이 사랑하는지 따지지 말고 아낌없이 사랑하라. 다만 인간 본연의 기회주의 성향이 관계를 해치지 않도록 관리할 필요는 있다. 호의적인 관계를 유지하던 사이에서도 다툼과 갈등은 얼마든지 생길 수 있다. 그런데 다툼과 갈등을 통해 서로의 불만 요소를 파악하고 없앰으로써 더 굳건한 관계로 발전해 나갈 수 있다.

그리고 호의적인 관계를 지속하는 데 있어서의 핵심은 상대방의 스타일에 맞추고 상대방이 원하는 방식으로 대해 주는 것이다. 스스로 열등감을 벗어 던지고 긍정적인 태도로 미래를 준비하는 것도 상대방과의 관계 유지에 필수 요소다.

이제 당신은 관계의 달인이 되는 일만 남았다.

1
좋아하되 좋아하는 것을 숨기는 어장 관리 테크닉

'내가 누군가를 도우면 언젠가 그 사람도 나를 도울 것이다.' 우리가 보편적으로 가지고 있는 이 생각을 호혜성 규범Reciprocity Norm이라고 한다. 사람들은 상호 동종의 반응을 보일 것이라는 사회적 기대를 하고 있다. 내가 선을 베풀면 상대방도 나에게 선을 베풀 것이며, 이득에는 이득으로, 악행에는 악행으로 반응할 것이라는 기대 말이다. 내가 선을 베풀었으므로 최소한 상대방이 나에게 해를 가하지는 않을 것으로 생각하는 것이다.

호혜성 규범은 여러 분야에서 관찰된다. 큰즈Kunz와 울코트Woolcott[28]는 익명의 다수에게 크리스마스카드를 보냈다. 크리스마스카드의 수신자 특성과 송신자 특성 및 카드 품질이 응답률에 영향을 미치는지 보기 위한 연구였다. 수신자로서 약 600명의 사람이 표본으로 선정됐다. 도시와 시골 거주자 그리고 정신노동자와 육체노동자가 고루 포함되었다. 송신자 특성의 영향은 반송용 봉투에 표기한 이름에 Dr.나 Mr.와 같은 호칭을 사용하거나 사용하지 않는 방법을 사용했다.

결과를 보면 대다수 사람이 답례 카드를 보내왔고 그중 일부는 영구 리스트에 올려놓고 매년 카드를 보내온다고 한다. 송신자의 사회적 지위가 높고 수신자가 육체노동자일 때 응답률이 가장 높게 나타났다. 여기서 중요한 결과는 상대방이 베푸는 호의에 대다수 사람이 기꺼이 호의로 보답한다는 것이다.

이 원리는 사람 간의 호의나 애정에도 작용한다. 사람들은 자기를 좋아하는 사람을 좋아하고 자기를 싫어하는 사람을 싫어한다. 당신이 누군가를 좋아한다는 것은 애정이라는 '혜택Benefit'을 그 사람에게 주는 것이고, 언젠가 상대방도 그 혜택에 대한 보답을 돌려 줄 것으로 기대하는 것이다. 그래서 자기성취 예언Self-fulfilling Prophecy을 실현할 수 있다. 자기성취 예언은 내가 기대 또는 예언하고 있기 때문에 그대로 실현되는 것을 말한다.

점쟁이에게서 "당신은 올해 꼭 승진한다"는 말을 들으면 자신감을 느끼고 더 열심히 일하기 때문에 결국 승진하게 되는 것과 같은 이치다. 당신이 좋아하는 사람을 먼저 좋아하라. 그 사람도 결국 당신을 좋아하게 될 것이다.

나는 '침묵은 금이요 웅변은 은'인 시대에 시골에서 소년 시절을 보냈다. 밥상머리에서 조잘조잘 말이 많으면 복이 나간다고 핀잔을 들었고, 사내자식이 입이 싸면 가벼워서 못쓴다는 훈계를 들었다. 과거에 말 많은 것을 경계한 것은 서양도 마찬가지인가 보다. 처칠은 "우리는 하지 않은 말의 주인이지만 뱉은 말의 노예다"라고 했고, 마크 트웨인은 "적절한 말은 효과적이지만 어떤 말도 침묵보다 효과적이지 못하다"라고 했다.

과묵하고 믿음직한 시골 소년으로 자란 덕에 나는 서울에서의 대학 생활에 적응하는 데 많은 어려움이 따랐다. 재미난 말로 분위기를 만들어야 하는 미팅의 경우 특히 더했는데, 미국의 젊은이들도 나와 같은 경험을 적잖이 하나 보다. 철학과 학생에게서 나온 농담을 보자.

난생처음 데이트를 나가는 한 소년이 도대체 무슨 말을 해야 하는지 몹시 걱정스러웠다. 부친에게 조언을 구하자 "아들아, 여자에게 항상 통하는 주제가 세 가지 있다. 그것은 음식과 가족과 철학이란다"라고 하셨다.

소년은 여자 친구와 함께 제과점에 들어가 소다수 한 잔씩을 놓고 마주 앉았다. 오랫동안 말없이 서로 응시하고 있자 소년은 조바심이 인다. 부친의 조언을 기억해 첫 번째 주제를 꺼냈다. 소년이 "팬케이크 좋아해?"라고 묻자 여자 친구는 "아니"라고 답한 뒤 다시 침묵했다. 얼마간의 어색한 시간이 흐른 뒤 소년이 부친의 조언을 떠올려 둘째 주제를 꺼냈다. 소년이 "너 오빠 있니?"라고 묻자 여자 친구는 "없어"라고 답한 뒤 다시 침묵 상태로 돌아갔다. 소년이 마지막 카드를 꺼냈다. 부친의 조언대로 철학에 토대를 둔 질문을 했다. "만약 오빠가 있다면 그는 팬케이크를 좋아할까?"

대화를 지속하기 위해서는 쌍방이 서로 이끌어 주어야만 가능하다. 한쪽이 아무리 말을 잘하고 잘 표현하는 사람이더라도 상대방이 위의 소녀처럼 단답형의 대답만 한다면 대화가 이어지기는 어렵다. 하물며 침묵이 금인 시대에 성장기를 보낸 사람들이라면 더욱 협력해서 상대방에 관한 호의를 표현하도록 애써야 한다.

당신이 상대방을 더 좋아하고 또 그것을 표현하면 손해라도 보는가? 호혜성 규범은 '아니'라고 답한다. 호혜성 규범에 따르면 당신이 누군가를 많이 좋아하면 그 사람도 그만큼 당신을 좋아하게 된다고 말한다.

그러나 조심해야 할 부분이 있다. 바로 기회주의다. 내가 상대방을 더 좋아해서 의존하게 되면 그가 기회주의적으로 행동할 수 있다는 것이다. 노벨경제학상을 받은 코스Coase와 윌리엄슨Williamson은 인간의 기회주의 성향에 대해 오랫동안 연구했다. 그들의 견해는 어떤 사람이 특별히 나빠서가 아니라 어떤 상황에 기회주의적인 행동을 하는 것은 인간 본연의 성향이라고 한다. 누구나 상황에 따라 기회주의적으로 행동할 수 있다는 것이다. 그들이 분석한 기회주의는 주로 기업 간 상거래에서 일어나는 행위들을 대상으로 한 것이다.

우리나라는 다수의 중소기업이 대기업과의 거래관계에서 억울하고 부당한 피해가 있다고 하소연한다. 한 중소기업이 대기업의 완제품에 사용될 부품을 개발하기 위해 각고의 노력 끝에 제품 개발에 성공하고 생산 설비를 갖추게 됐다. 불행히도 이 중소기업은 계약을 맺은 대기업 밖에는 납품할 곳이 없다. 바로 이때 대기업이 기회주의적으로 행동한다는 것이다. 납품 가격을 예정보다 더 낮추도록 압박을 가하고 잘 따르지 않으면 구매량을 줄이기도 한다. 중소기업에 별 대안이 없다는 것을 잘 알기 때문이다. 코스와 윌리엄슨을 비롯한 연구자들이 발표한 바로는 대기업이 나빠서가 아니라 그런 여건에서 어떤 기업이든 기회주의적으로 행동하는 성향이 있기 때문이라고 한다. 그러니 근본적인 처방은 중소기업이 미리미리 납품처를 분산하는 등 대기업에 기회주의 여건이 만들어지지 않도록 예방해야 한다.

사람 간의 관계를 놓고 생각해 보자. 당신이 먼저 좋아하고 표현하고 선을 베풀더라도 상대방의 기회주의적인 행동을 미리 경계해야 한다. 여자 친구의 마음이 흔들리고 알쏭달쏭할 때 남자는 저녁도 사고 커피에, 영화에, 선물에 아낌없이 돈을 쓰지단, 어느 정도 여자 친구의 마음이 정해지면 변하기 시작한다. 이때 여자 친구가 꼼짝없이 남자에게 의존하는 상황이라면 남자는 그녀에게 이래라저래라 다양한 요구를 할 것이고 그녀는 들어줄 수밖에 없다.

그래서 여자가 항시 '흔들리는 갈대'임을 보여 주어야 남자가 기회주의적인 행동을 하지 않는다. 여자에게 어장 관리가 필요한 이유이기도 하다. 자기 외에도 눈길을 주는 사람이 있는 듯해야 상대방이

어장 관리는 기술이다

당신이 먼저 좋아하고 더 좋아한다면,
때로는 어장 관리를 통해
당신의 마음이 흔들리는 모습을 연기해야 한다.
그렇게 상대방이 기회주의적 행동을 하는 것을 막을 수 있다.

더 소중하게 보이는 법이다.

그러니 여자들이여, 수상쩍은 문자가 오더라도 사실은 아무것도 아니라는 점을 해명하지 말고 그냥 궁금하게 놓아두라. 아무 관계도 없는 선배나 이성 친구에게서 동창 모임을 알리는 전화가 오더라도 굳이 아무것도 아니라고 해명하지 마라. 이런 문자나 전화는 어장 관리의 기회로 활용도가 높다.

당신이 상대방을 좋아하면 그 마음이 전해져 상대방도 당신을 좋아하게 된다는 것이 호혜성 규범의 원리다. 따라서 당신이 상대방을 좋아하고 그에게 호감을 느끼고 있다는 것을 지속해서 표현하는 것이 좋다. 다만 당신이 상대방을 더 좋아하고 따라서 상대방에게 의존하게 되는 경우 나타날 수 있는 상대방의 기회주의적인 행동을 경계하라.

사람은 누구나 기회주의적인 성향이 있으므로 내가 상대방에게 의존하고 있다는 확신이 들게 해서는 안 된다. 그 사람을 좋아하더라도 가끔 내 마음이 흔들리는 모습을 연기함으로써 상대방의 기회주의적인 행동을 방지할 수 있다면 좋은 관계를 지속해서 유지할 수 있다.

> 2

상대방을 더 잘 알게 하는 말다툼 효과

마케팅에 주로 유통 경로 구성원 간의 관계를 설명하는 갈등 이론 Theory of Conflict이 있다. 프랜차이즈 본사와 가맹점의 관계를 생각하면 된다. 이들 사이에는 갈등 요소가 존재한다. 자재 배송은 누가 어떤 방식으로 하는지, 불량품 반품은 어디까지 인정되는지, 목표 미달일 때 원인 규명은 누가 하고 어떻게 해결하는지, 점포 내 광고물은 누가 만드는지 등을 둘러싸고 종종 갈등이 발생한다. 재미있는 것은 갈등의 수준과 프랜차이즈 성과(예를 들면 매출액과 이익 등) 간의 관계는 다음 그림에서 보듯이 역 U자형이라는 것이다.

초기에는 상대방(본사)이 무엇을 원하는지, 그리고 상대방의 기대가 무엇인지 서로 모르기 때문에 갈등이 별로 없다. 이 상태에서는 서로에 대한 이해가 낮고 따라서 협조가 원활하게 이뤄지지 않기 때문에 성과도 낮다. 그러나 양쪽 사업자가 경험을 쌓으면서 상대방에 대한 기대가 생기면 갈등도 증가한다. 한쪽에서 기대하는 것을 상대방이 제대로 해주지 않으면 다투게 되는 것이다. 이때 싸움 때문에 한편 서로에 대한 이해가 증가하기도 한다. 서로에 대한 갈등의 원인을 이해하면서 이를 없애기 위해 노력하고, 그 과정에서 양쪽의 성과가 향상되는 것이다.

갈등 이론이 말하고자 하는 것은 결국 친구든 연인이든 부부든 회사 동료든 때때로 말다툼을 해야 서로가 원하는 것을 이해할 수 있다는 것이다. 다툼을 피하기 위한 일시적인 합의는 궁극적인 해결 방안이 되지 못한다. 말다툼 해서라도 서로 원하는 것을 이해하고 그것을 해결해 주기 위해 노력하며 상대방의 의견에 동의할 수 있어야 갈등이 해소된다.

성경의 누가복음에 이런 구절이 있다. "대접받고자 하는 대로 대접하라." 그들이 당신에게 행하기를 바라는 것처럼 그들에게 행하라는 뜻이다. 또 논어의 위령공 편에 이런 말이 있다. 제자 자공이 공자에게 평생 지켜야 할 한마디 말이 있는지 여쭈었더니 "기소불욕 물시어인己所不欲 勿施於人"이라고 답했다. 자신이 원하지 않는 것을 남에게 행하지 말라는 말로, 내가 원하지 않으면 남에게도 강요하지 말라는 의미다. 성경에는 긍정의 문장으로 그 뜻을 전달했고, 논어에서는 부정의 문장으로 전달했다는 차이만 있을 뿐 내용은 같은 맥락이다. 이런 경지에 이르면 사람들이 다툴 일이 없을 것이다.

문제는 보통 사람들은 상대방이 원하는 것과 원하지 않는 것을 잘

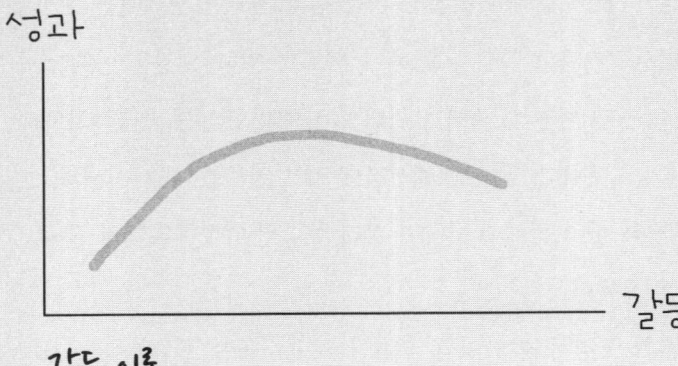

갈등 이론

말다툼을 통해 상대방이 원하는 것과 원하지 않는 것을 알 수 있다. 서로 갈등 요소를 없애고 기대를 충족시킴으로써 더 큰 화합을 이룰 수 있다.

모른다는 것이다. 친구 사이에도 그렇고 사랑하는 연인 사이, 한솥밥을 먹는 직장 동료 간에도 그렇다. 기숙사에서 한방을 쓰는 학생들을 보자. 한 학생은 '올빼미형' 인간이다. 밤늦게까지 공부도 하고 책도 보고 인터넷도 한다. 그래서 늦잠을 자고 늦게 일어나므로 아침 일찍 일어나서 시끄럽게 하는 친구를 싫어한다. 다른 학생은 '아침형' 인간이다. 어릴 때부터 부모님 성화에 일찍 일어나는 것이 습관이 됐다. 일찍 일어나는 만큼 밤에 일찍 자야 하므로 늦게까지 불을 켜놓는 올빼미 친구가 불편하다. 서로 생활 습관이 다른 탓에 상대방을 이해하기 어려우니 자연 다툼이 생길 수밖에 없다.

구성원들 사이에 서로에 대한 이해가 부족해 갈등이 발생하는 것은 직장생활에서도 마찬가지다. 직장생활에서 나타나는 갈등 양상을 잘 보여 주는 조사가 있다.[29] 전자 세금 계산서 사이트가 직장인 9,171명을 대상으로 한 조사에서 직장 내 인간관계가 가장 힘든 직급이 대리인 것으로 나타났다. 전체 응답자의 50퍼센트가 일도 가장 많고 갈등도 잦을 때인 대리가 가장 힘든 직급이라고 답했다. 그다음으로는 회사 내 의사소통에 대해 잘 모르는 신입사원이라는 응답자가 29퍼센트, 부하 직원과 상사와의 연결 고리 역할을 하는 과장이라는 응답자가 15퍼센트의 순으로 나타났다. 부장 이상이라고 답한 응답자는 6퍼센트로 가장 낮게 나타났다.

한편 직장인들은 직장 내 인간관계 갈등에 효과적으로 대응하지 못하는 것으로 나타났다. 갈등이 생겼을 때 "그냥 무시한다"는 대답이 43퍼센트로 가장 높고, 다음으로 "주변에 도움을 요청한다"가 29퍼센트, "상대방이 먼저 다가와 해결해 주기를 기다린다"가 4퍼센트 등으로 나타난 데 반해 "적극 해결에 나선다"는 대답은 22퍼센트에 그쳤다.

직장에서 갈등이 발생하는 상황을 생각해 보자. 신입 직원을 데리고 일하는 팀장을 보자. 아주 철저히 준비하는 스타일이라 자기 팀이 기획한 프로젝트 안을 발표할 때는 최소한 3일 전에 발표 내용 작성이 끝나야 한다. 그다음 프레젠테이션 당일까지는 실제 상황에서 프레젠테이션 연습을 수차례 하면서 부족한 부분을 보완해야 한다. 반면 신입 직원은 전혀 다른 스타일이다. 발등에 불이 떨어져야 밤새며 일을 처리하는 습관이 체질화되어 있다. 수일 전부터 볶아대는 팀장이 이해되지 않는다. 아마도 발표 전일쯤 서로 간의 갈등이 극에 달하리라 짐작된다. 그런데 이런 과정 없이 팀장과 신입 직원이 처음부터 손발이 척척 맞아 잘 돌아가는 경우는 상상하기 어렵다. 서로 갈등을 겪는 과정을 통해 스타일의 차이를 더욱 깊이 있게 이해하고, 업무 성과를 높이기 위해서 각자 무엇을 자제해야 하고 무엇을 양보해야 하는지도 깨닫게 된다.

친구나 부부 또는 직장 동료 간에 아무리 시간이 흘러도 갈등의 원인을 제대로 파악하지 못할 수도 있다. 서로에 대한 기대와 불만 요소를 말하지 않고 참고 지내면 그렇게 된다. 그러니 말다툼이 되더라도 가끔 불만 요소를 털어놓아야 한다. 우아하게 살기 위해 노력하는 것만이 능사는 아니다. 다만 말다툼을 했다면 마무리도 깔끔하게 잘 해야 한다. 서로 좀 더 이해한 다음에는 서로에게 상처가 되지 않도록 감싸 주는 과정도 필요하다. 결혼식 주례사에 자주 등장하는 "이제 두 사람은 일심동체가 됐다"는 말은 사실은 실체를 호도할 수 있다. 부부는 여전히 '2심 2체'이다. 하지만 말다툼을 하면서 서로 이해하고 또 이해한 만큼 서로 아껴 주면 분명 '일심동체'처럼 살 수 있다.

성인이 된 후 만나는 사람들은 성장 환경의 차이 때문에 의견이나 생활 습관이 다르고, 상대방이 원하는 것과 원하지 않는 것도 잘 모른다. 그러니 상대방이 원하지 않는 행동을 하거나 반대의 경우 서로 다툴 수 있다. 중요한 것은 다투는 과정을 통해 서로에 대해 더 많이 이해하고 서로의 기대와 불만을 알게 된다는 것이다. 이제 서로 알게 되었으니 상대방이 원하지 않는 행동을 피하고, 상대방이 원하는 행동을 한다면 서로에 대한 호감을 유지할 수 있다.

3
인간에 대한 이해가
관계의 달인으로 가는 비결

보험이나 자동차 판매에서 '올해의 판매왕'이 되는 사람은 어떤 특성이 있는가? 지금까지의 연구에 따르면 유능한 판매원의 요건으로 사교성이 좋고, 친화력이 뛰어나고, 용감하다 등의 다양한 요건이 제시됐다. 오랜 연구 결과 얻은 결론은 유능한 판매원은 타고나는 것이 아니라 노력과 교육, 훈련으로 만들어지는 것이다.

그러면 유능한 판매원이 되기 위해 무엇을 익혀야 하는가? 상황적 응형 판매Adaptive Selling, 즉 고객 맞춤형 판매를 익혀야 한다. 고객의 유형을 파악하고 고객에게 맞는 판매 전략을 사용하는 사람이 유능한 판매원이 된다. 고객 유형을 파악하기 위해서는 '사회성 유형 매트릭스Social Style Matrix'를 적용할 수 있다. 이 매트릭스는 다음 그림에서 보듯이 자기주장 성향과 반응 성향이라는 두 축으로 구성된다.

자기주장 성향이 강한 사람은 주로 말을 많이 하고 지시하기를 좋

사회성 유형 매트릭스

고객이든 상사든 연인이든 그 사람의 행동 스타일을 파악하고 그에 맞추면 갈등을 방지할 수 있다.

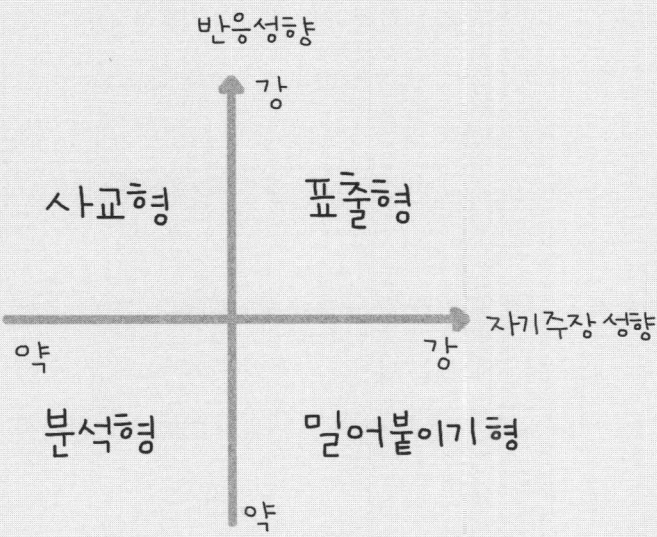

아하며 무엇이든 자신이 주도하기를 좋아한다. 신속하게 결정을 내리고, 경쟁적이며, 주장이 강하다는 특성이 있다. 자기주장 성향이 약한 사람은 그 반대의 성향을 보인다. 다음으로 반응 성향이 강하다는 것은 주로 인간 중심적이고 타인을 배려하며 따뜻하고 자기감정을 쉽게 내보인다는 것을 말한다. 반대로 반응 성향이 약하다는 것은 주로 과업 중심적이고, 신중하고, 냉정하고 감정을 절제하는 특성을 말한다.

위의 두 가지 변수를 결합해보면 네 가지 사회성 유형을 구별할 수 있다. 자기주장 성향이 강하고 반응 성향은 약한 '밀어붙이기형', 자기주장 성향이 강하고 반응 성향도 강한 '표출형', 자기주장 성향이 약하고 반응 성향도 약한 '분석형', 자기주장 성향이 약하고 반응 성향은 강한 '사교형'이 있다.

영업사원은 이 매트릭스를 어떻게 활용할 수 있을까? 우선 고객의 유형을 파악해 그에 맞는 방식을 사용해야 한다. 그러기 위해서는 자신의 유형도 알아야 한다. 그래야만 자신의 어떤 점을 보완해야 하고 어떤 점을 자제해야 하는지 알 수 있다.

예를 들어 고객이 '밀어붙이기형'이라면 이때는 고객이 주로 말하게 하고 당신은 잘 들어 주어야 한다. 그리고 고객이 여러 가지 결정을 주도하도록 해야 하고, 처음부터 업무 위주의 객관적인 접근을 하는 것이 좋다. 이런 고객을 대상으로 영업사원이 자기주장을 강하게 펴면 고객의 강한 주장과 부딪치게 될 테고 설령 고객과의 논쟁에서 이긴다고 하더라도 영업에는 실패할 가능성이 대우 높다. 만약 고객이 자기 논리가 좀 부족하고 효과적으로 주장을 펼치지 못해 논쟁에서 졌다고 느낀다면 결국 그 영업사원을 미워하게 될 것이다. 영업사원은 대화에서 업무에 직접 관련된 사실과 통계 자료 및 실적 등에 집중해야 한다. 감성적인 접근을 한다면 고객은 도움이 되지 않는 사람이라고 판단할 것이다.

영업의 달인으로 칭송받는 사람의 이야기를 들어보자.[30] 그녀는 생명보험사의 부지점장이다. 그녀는 경기가 좋지 않아도 한 해 무려 141건의 계약을 성사시켜 혼자서 약 73억 원이라는 창사 이래 최고의 실적을 올려 보험 왕으로 선정됐다. 그녀가 직접 관리하는 고객 수는 약 1,200명이고 연봉은 10억 원대라고 한다. 그 비결이 무엇일까?

그녀는 베테랑이 된 지금도 고객을 만나기 전에 철저히 준비하는 것을 잊지 않는다. 어떤 말을 하고, 질문에는 어떻게 대답할지 미리 연습해 보는 것이다. 그중에서도 핵심은 이것이다. 그녀는 사람의 성격과 유형에 따라 각각 다른 전략을 구사한다. "연세가 많은 분은 예의범절을 무척 중시하기 때문에 사소한 말 한마디라도 한 번 더 생각하고 건넵니다. 반대로 젊은 사람들한테는 친언니나 친구처럼 편안한 단어와 어투를 사용하죠." 그녀의 비법은 고객의 유형을 파악하고 그 유형에 맞추는 데 있다.

직장에서 상사, 동료, 후배에게 사랑받는 사람이 되기 위해서도 역시 상황적응형 방식을 쓰는 것이 좋다. 당신에게 중요한 인물인 부장과의 관계를 생각해 보자. 그는 분석형인가, 사교형인가? 사교형이라면 인간적인 관계를 형성하고 감성적인 접근을 하는 것이 좋지만, 분석형이라면 객관적으로 대하고 업무 중심으로 접근하는 것이 좋다.

사교형의 부장에게 늘 일 처리 방식과 실적, 경쟁사 정보, 업계 동향, 외국 시장 전망 등 업무 중심으로 말한다면 당신은 열심히 일하는 직원일 뿐 아끼고 좋아하는 직원이 되기에는 2퍼센트 부족하다고 판단될 가능성이 높다.

분석형의 부장에게 자료와 통계, 논리가 아니라 팀원들의 인간적 성향, 고객들과의 인간적 유대관계, 거래처 사람들에 대한 인간적 배려 등에 관심을 보이면 당신은 인간성은 좋지만 유능한 직원이 되기에는 부족한 사람으로 판단될 것이다.

상대방의 유형을 파악해 그 유형에 맞춰야 하는 것은 이성 관계에서도 마찬가지다. 당신이 좋아하는 그녀가 자기주장 성향이 강하고 반응 성향이 약한 '여장부형'이면, 매사를 그녀가 주도하게 하거나 최소한 그런 모양새를 갖추는 것이 좋다. 그리고 가능하면 절제하는 모습을 보여야 하고 신중해야 한다.

최근에 졸업한 우리 학생의 이야기다. 이 여학생은 '표출형'이 아닐까 싶다. 자기주장이 강하고 좋아하는 것과 싫어하는 것의 구분도 명확하다. 여성스러움은 덜하고 남자가 해주는 로맨틱한 이벤트를 즐기지 않는단다. 그런데 자기를 좋아하는 남자가 어느 날 전혀 예기치 않은 이벤트를 했다. 남자 친구가 아파트 앞에 있으니 좀 나와 보라고 해서 나갔더니 '촛불잔치'가 기다리고 있더란다. 남자 친구가 아파트의 현관 바로 앞에 수십 개의 촛불을 밝혀놓고 기다리고 있었던 것이다. 이 여학생은 감동했을까? 지나가는 사람들이 흘낏흘낏 보고 웃어서 창피했단다. 그래도 감동한 것처럼 약간의 연기를 한 다음 초를 치우고 있는데 상황을 더 악화시킨 것은 뒤에서 들려오는 경비 아저씨의 말씀이다. "학생, 불날지 모르니까 거기 깨끗하게 잘 치워!" 촛불 이벤트는 아마도 자기주장 성향이 약하고 감성적인 '사교형' 여자 친구에게 어울리지 않을까 한다.

새내기 남학생들의 가장 큰 관심사 중의 하나는 마음에 드는 여학생을 만나서 어떻게 하면 그녀로부터 호감을 살 수 있는가이다. 선배들에게 물어보면 다들 한마디씩 저마다의 전략을 알려 준다. 여학생을 많이 사귄다는 소문이 있는 선배가 해주는 조언일수록 믿음이 갈 것이다. 하지만 다시 한 번 생각해 보자. 상대 여학생을 보지도 않고 해주는 조언이 그게 과연 잘 맞겠는가? 맞는다면 소발로 쥐잡기나 마찬가지다.

사회생활에는 반드시 상대방이 존재한다. 친구나 연인, 부부, 고객, 직장 동료 등 모든 관계가 다 그렇다. 좋은 인간관계를 통해 나에 대한 호감을 유지하기 위해서는 상대방의 유형을 파악하고 상대방의 스타일에 맞춰야 한다. 호감을 유지하는 능력은 타고난 것이 아니라 상대방을 잘 알고 이해하는 데 필요한 숙제를 얼마나 열심히 하는지, 그 학습 결과를 얼마나 성의 있게 실천하는지에 달렸다.

4
반짝이는 미래가
올 거라는 믿음으로

우리 주위에는 자신의 능력을 과신하고 늘 확신에 차 있는 과대망상형의 사람들이 있다. 정치인 중에 특히 이런 사람들이 많은 것 같다. 반대로 자신을 과소평가하는 사람들도 있다. 자신의 능력이 평균 이하라고 생각하는 것이다. 이런 경향은 특정 능력이나 상황에 따라 흔히 나타난다. 나는 노래는 정말 안 된다든지 춤에는 젬병이라고 하는 식이다. 사실은 약간의 훈련만 하면 다른 사람과 비슷한 수준이 될 수 있는데도 스스로 과소평가하는 것이다.

자기지각 이론Self-Perception Theory이 바로 이런 성향에 대해 잘 설명한다. 자신이 이런저런 상황에서 하는 행동을 관찰해 자신의 태도나 느낌을 정한다는 것이다. 나는 무슨 색상을 제일 좋아하는가? 어느 날 우연히 옷장을 정리하다 보니 검은색 옷이 압도적으로 많다는 것을 알게 됐다. 그래서 내가 검은색을 제일 좋아한다고 생각하게 되는 것이다.

나는 어느 정도 사회성이 있는 사람인가? 어느 날 몸이 아파 학교에 가지 않고 집에 있는데 그날 따라 전화가 한 통도 오지 않는다. 그러면 '아, 나는 너무 비사교적이고 인기가 없는 사람이구나!'라고 생각하는 것이다. 또 어떤 여성이 지금 만나고 있는 남자 친구와 그저 그런 사이를 유지해 오다가 어느 날 기습적인 키스에 별생각 없이 응했는데 그 이후 내가 사실은 이 남자를 좋아했다고 생각하는 것이다. 취업이 안 되어 상당 기간 백수생활을 하고 있거나 오랫동안 비정규직에서 탈출하지 못하고 있다고 하자. 자기지각 이론은 나를 '아 나는 정말 능력이 없구나!'라고 생각하도록 이끈다.

사르트르는 인간의 이런 성향을 꿰뚫어 "존재는 본질을 앞선다"고 했던 것이 아니겠는가. '나'라는 존재가 처해 있는 여건과 상황이 나의 본질 인식에 영향을 준다는 말이다. 사실은 내가 다른 많은 사람과 비슷한 정도의 능력을 갖추고 있음에도 현재 상황이 내 생각을 부정적으로 이끄는 것이다.

나는 18년 동안 대학에서 학생들을 관찰하면서 대다수 학생이 숨겨진 재능을 가지고 있다는 사실을 알았다. 그들은 다만 중학교, 고등학교 시절에 한 번도 엄친아, 엄친딸이 아니었다는 사실 때문에 본인들의 숨겨진 재능을 발휘하지 못할 뿐이다. 말을 조리 있게 잘하지 못한다고 늘 엄살을 부리던 학생이 1~2년이 지난 후 프레젠테이션을 하는 것을 보면 놀랄 정도다.

평창올림픽유치위원회 대변인인 나승연 씨는 유창한 영어와 프랑스어로 능숙하게 프레젠테이션을 진행해 평창이 동계올림픽 개최지로 선정되는 데 큰 공을 세웠다. 그 프레젠테이션 이후 화술의 달인으로 칭송받았지만 사실 그녀는 고교 시절 대중 앞에서 말하는 데 어려움이 많던 학생이었고, '대중 연설' 과목에서 유일하게 C 학점을 받았다고 한다.[31]

우리나라가 전쟁을 치르고 세계의 빈국에서 오늘날 경제 강국으로 성장하기까지 산업계에 수많은 신화적 이야기가 바탕이 된다. 가장 대표적인 이야기 중 하나가 정주영 전 현대 회장이다. 나는 정 회장이 남긴 어록 중에 "해보기는 해봤어?"라는 말을 최고의 감동으로 친다. 나라 전체가 가난하고 산업 시설이라고는 무엇하나 갖춰져 있지 않은 상황에서 사업을 일으키는 것이 얼마나 힘들었겠는가. 시도하는 것마다 안 된다는 부정적 선입견은 또 얼마나 많았겠는가.

한 손에 이순신 장군의 거북선을 들고 다른 한 손에 영일만 허허벌판의 모래밭 사진을 들고 유럽 금융기관에 가 차관을 받아낸 이야기는 정말 돈키호테 저리 가라다. "여기 이 모래밭에 조선소를 세우고 우리 선조의 이 기술로 배를 만들어 팔 작정이니 돈을 달라"고 한 것이다. 모든 부정과 과소평가를 넘어서는 배짱과 열정이 없었다면 어떻게 한국에 세계 1위의 조선 산업이 존재하겠는가.

1971년, 울산에 조선소를 건설할 계획을 세우고 자금을 마련하던 때의 이야기다.[32] 정 회장은 차관 도입을 위해 런던에 있는 바클레이

고민의 함정에서 벗어나라

사람들은 현재 자신이 처한 상황이 좋지 않으면
자신의 능력을 과소평가하는 성향이 있다.
자신의 숨겨진 재능을 찾아내 긍정적으로 생각하고
미래를 준비하면 반드시 기회가 찾아온다.

즈 은행을 찾았지만 당시 한국에서 조선소를 건설한다는 것에 대한 신뢰가 없었다. 그들을 설득하기 위해 고민하던 정 회장은 기술 협조 계약을 체결한 영국 A&P 애플도어 엔지니어링 회장을 찾아가 500원짜리 지폐를 보여 주었다. 그 지폐에 그려진 거북선에서 알 수 있듯이 영국보다 300년 전에 한국에서 조선의 역사가 시작됐다고 말했고 애플도어 엔지니어링 회장은 그의 말에 감동했다. 그 결과 정 회장은 애플도어 엔지니어링 회장의 도움으로 바클레이즈 은행과의 차관 도입 협의를 재개할 수 있었다. 안 될 것이라는 생각을 버리고 탁월한 기지로 도전한 결과였다.

정 회장은 초등학교 졸업 학력자에 불과했으며, 당시 현대에는 조선업에 뛰어들 자금이 없었다. 물론 국가 차원에서 뒷받침할 기반 시설과 기술 고급 인력도 없었다. 당연히 배를 만들어 봐야 사주겠다는 선주도 없었다. 당시 그가 처해 있던 상황과 여건을 보면 조선업을 하겠다는 생각이 도저히 말이 되지 않았다.

그러나 그는 당시의 불리한 상황과 능력 때문에 열등감에 사로잡혀 시도조차 하지 못하는 우를 범하지 않았다. 사실 새로 시작하는 사업과 일은 어느 것 하나 쉬운 것이 없다. 그러나 그는 자신의 능력을 믿고 긍정적인 사고로 어려운 일을 추진하는 사람만이 성공도 할 수 있다는 것을 몸소 보여 주었다.

현재 상황에 얽매여 열등감이 폭발하는 함정에서 허우적거릴 것이 아니라 자신만의 숨겨진 재능을 찾아내 긍정적으로 생각하고 미래를 준비하면 언젠가 기회를 잡을 수 있다. 그리고 괴테가 남긴 명언을 기억하라.

"고통이 남기고 간 뒤를 보라! 고난이 지나면 반드시 기쁨이 스며든다."

에필로그
타인에 대한 배려가
호감의 씨앗이다

  남을 이해하고 배려하는 것, 그래서 남의 호감을 사는 것. 나는 이 두 가지가 바늘과 실처럼 밀접하게 엮여 있다고 믿는다. 책을 쓰기 시작하면서 남을 위한 배려는 이 시대에 진정으로 필요한 요소라고 생각했다. 책을 끝낸 지금, 역시 그 생각이 옳은 것 같다.

  전 세계에서 놀라고, 인정하는 우리나라 경제 발전의 원동력 중에는 "성공하기 위해 오로지 앞만 보고 달려라." "남이야 어찌 되든 이기고 보자!" 등의 사고방식이 있었다. 일에 대한 열정과 노력과 성공이 무엇보다 중요한 가치로 작용했기 때문이다. 다른 사람과의 경쟁에서 이기는 것은 우리가 태어나서 어른이 되기까지 심지어 그 이후에 더 치열하게 직면해야 하는 화두였다.

  그렇게 노력해 물질적 생활 수준이 상당히 높아졌음에도 막상 정신적 풍요로움은 후퇴하고 있는 것이 아닌가 하는 의심이 든다. 왕따 문제와 학교 폭력에 시달리는 학생들, 인간관계의 어려움으로 직장생활이 지옥 같다고 말하는 사람들, 남을 비방하고 끌어내림으로써 자신이 잘되기를 바라는 사람들, 인터넷과 온라인 세계에 중독되어 인간관계를 단절하고 사는 사람들이 점점 늘어나는 세상이다.

이제라도 좀 더 살만한 세상을 만들기 위해서는 또 다른 변화가 필요하다. 우리 각자의 마음에 변화가 일어나야 한다. '나' 위주가 아니라 '남'을 배려하는 마음을 키워야 한다. 남을 이해하고 남을 먼저 생각하고 남에게 맞추는 따뜻한 마음을 회복해야 한다. 말하지 않아도 누군가가 내 마음을, 내 생각을 알아주기를 하는 바람이 있듯이, 누군가도 나에게 그런 바람을 갖고 있을 것이다.

며칠 전 TV 프로그램에서 청각 장애 친구를 돕는 한 도우미 학생의 이야기를 보았다. 수업 시간에 교수가 말하는 내용을 빠짐없이 기록해 청각 장애 친구가 보고 공부할 수 있도록 하는 것이 그 도우미 학생의 역할이었다. 어느 날 청각 장애 친구가 실습실에서 디자인 과제를 하고는 깜빡하고 그냥 두고 나오는 일이 생겼다. 이를 알게 된 도우미 학생이 학교 근처 쓰레기 처리장 세 개를 뒤져 결국 그 과제물을 찾아냈다. 평소에 도우미 일을 하기도 쉽지 않을 텐데 진정으로 친구를 배려하는 그 학생의 따뜻한 마음에 가슴이 찡했다. 이렇게 남을 배려하는 사람이 우리 사회가 진정으로 필요로 하는 사람이다.

남을 먼저 배려하는 사람, 그래서 호감 가는 사람. 그런 사람들로 넘쳐나는 사회는 분명 훈기가 넘치는 우리가 살고 싶은 세상일 것이다. 우리 아이들은 그런 사회에서 살았으면 좋겠다. 내 책이 그런 불길을 일으키는 조그만 불쏘시개 역할을 할 수 있기를 간절히 바란다.

참 고 문 헌

1. Simon, Herbert A.(1987), Making Management Decisions: The Role of Intuition and Emotion, Academy of Management Executive, February, pp.57~64
   Forgas Joseph P.(1995), Mood and Judgment: The Affect Infusion Model(AIM), Psychological Bulletin, 117(1), 39~66
2. 번트 슈미트, 『체험마케팅』, 박성연·윤성준·홍성태 옮김(세종서적, 2002)
3. "사람 마음 움직이게 하는 건 논리가 아니라 거짓 없는 감동", 〈조선일보〉, 2012년 5월 9일
4. Elaine Hatfield, Cacioppo, John T. and Rapson, Richard L.(1993), Emotional Contagion, Cambridge, University Press
5. Lyubomirsky, Sonja, King, Laura and Diener, Ed(2005), Does Happiness Lead to Success?, Psychological Bulletin, 131(6), pp.803~855
6. "유머 배우는 삼성……정서지능에 비즈니스 해법 숨어있다," 한국경제, 2012년 4월 26일
7. "고졸 女직원, 사장실 앞에서 수차례 쫓겨나더니……." 매일경제, 2012년 8월 20일

8 "직장인 94퍼센트 "직장생활에 이미지 메이킹은 필수", 〈세계일보〉, 2008년 9월 15일

9 Haddock, Geoffrey(2002), It's easy to like or dislike Tony Blair: Accessibility experiences and the favourability of attitude judgments. British Journal of Psychology, 93(May), pp.257~267

10 Tversky, A. and Kahneman, D.(1974). Judgment under uncertainty: Heuristics and biases, Science, 185, pp.1124~1130

11 말콤 글래드웰, 『블링크: 첫 2초의 힘』, 이무열 옮김(21세기북스, 2005).

12 세계최고 협상전략가 허브 코헨 교수 대담, 〈한국경제신문〉, 2007년 11월 19일

13 리 톰슨, 『협상과 설득 그 밀고 당기기의 심리학』, 조자현 옮김(예인, 2010)

14 Bargh, John A., Chen, Mark, and Burrows, Laura(1996). Automaticity of social behavior: Direct effects of trait construct and stereotype activation on action. Journal of Personality and Social Psychology, 71(2), pp.230~244

15 Gershoff, Andrew D., Mukherjee, Ashesh, and Mukhopadhyay, Anirban(2007). Few ways to love, but many ways to hate: Attribute ambiguity and the positive effect in agent evaluation. Journal of Consumer Research. 33(4), pp.499~505

16 Gershoff, Andrew D., Mukherjee, Ashesh, and Mukhopadhyay, Anirban(2007) Few ways to love, but many ways to hate: Attribute ambiguity and the positive effect in agent evaluation. Journal of Consumer Research. 33(4), pp.499~505

17 바람피우는 남자의 심리학, 〈조선일보〉, 2011년 12월 20일

18 로버트 F. 하틀리, 『윤리경영』, e매니지먼트㈜ 옮김, (21세기북스, 2006)

19 Norton, Michael I., Mochon, Daniel, and Ariley, Dan. "The IKEA effect: When labor leads to love." Journal of Consumer Psychology, In Press

20 "'지난해 항공기사고율 140만분의 1'-IATA", 〈온타임즈〉, 2010년 2월 24일

21 "대한민국 자동차사고율 25퍼센트 OECD 1위, 자동차보험 신경써야", 〈재경일보〉, 2010년 8월 25일

22 경찰청. 교통사고관리시스템

23 Freeman, J. L. and Fraser, S. C.(1966). Compliance without pressure: The foot-in-the-door technique. Journal of Personality and Social Psychology. 4, pp.195~202
24 Girandola, Fabien(2002). Sequential Requests and Organ Donation. Journal of Social Psychology, 142(2), pp.171~178
25 Gueguen, N. and Fischer-Lokou, J.(1999), Sequential request strategy: Effect on donor generosity. Journal of Social Psychology. 139(5), pp.669~671
26 "캡틴 박지성-여왕 김연아의 실수 대처법은?", 〈재경일보〉, 2010년 8월 12일
27 Aronson, E., Willerman, B. and Floyd, J.(1966). The effect of a pratfall on increasing interpersonal attractiveness. Psychonomic Science, pp.227~228
28 Kunz, Phillip R. and Woolcott, Michael.(1976). Season's greetings: From my status to yours, Social Science Research. 5(3), pp.269~278
29 직장 내 인간관계 대리가 가장 힘들어, 〈핫뉴스〉, 2012년 3월 5일, http://www.hot-news.kr/detail.php?number=5992&thread=22r12
30 [COVER STORY | 아, 그때 말만 잘했어도! 04] 영업의 달인 3인 "설득의 기술 알려주마!", 〈주간동아〉, 2009년 8월 26일
31 나승연, 『나승연의 프레젠테이션: 세계를 감동시킨』(21서기북스, 2012)
32 '빈대 철학'으로 현대왕국 일구다, 〈신동아〉, 2001년 5월

KI신서 4517
호감의 법칙

1판 1쇄 발행 2012년 11월 30일
1판 5쇄 발행 2013년 11월 20일

지은이 문준연
펴낸이 김영곤 **펴낸곳** (주)북이십일 21세기북스
부사장 임병주 **이사** 주명석
출판콘텐츠기획실장 안현주
디자인 씨디자인 **일러스트** 신동민
마케팅영업본부장 이희영
마케팅 김현섭 최혜령 강서영 **영업** 이경희 정경원 정병철

출판등록 2000년 5월 6일 제10-1965호
주소 (우 413-120) 경기도 파주시 문발동 회동길 201
대표전화 031-955-2100 **팩스** 031-955-2151 **이메일** book21@book21.co.kr
홈페이지 www.book21.com **블로그** b.book21.com
트위터 @21cbook **페이스북** facebook.com/21cbooks

ⓒ 문준연, 2012

ISBN 978-89-509-4474-2 03320
책값은 뒤표지에 있습니다.

이 책 내용의 일부 또는 전부를 재사용하려면 반드시 (주)북이십일의 동의를 얻어야 합니다.
잘못 만들어진 책은 구입하신 서점에서 교환해 드립니다.